厭世讀論語

千年名師神回覆，開解你的人生疑難

厭世國文老師——著

作者序

你爲什麼不問問神奇孔子呢？

「老師，爲什麼要讀《論語》？」

聽過一個笑話，若是《論語》列入國中或國小必學的教材，除了拉低討厭孔子的年齡層之外，完全沒有太多推廣效果；說不定到了更久遠的以後，孔子依舊活在教科書裡——也只活在教科書裡。

然而，在華人的世界與文化中，孔子的思想長期形塑眾人的思維，緩慢地畫出一道又一道的透明界線。我們在這樣的規範裡成長與活動，自然會變成孔子期待的形狀，並被篩選出適合生存在這個地方的模樣。

反過來說，當我們覺得孔子的思想有用的時候，其實是因爲我們的生活環境就是依照他預設的模型建立，所以才有機會找到解決方法；即使這個模型在經過不斷修改與重製之後，早已不是最初始的結構。

在這樣的過程裡，教授與學習《論語》註定會成爲一項艱難的任務：一派人主張孔子思想戕害心靈，是退步與守舊的表現；另一派人則認爲必須延續屬於東方的智慧，並嘗試以此解決各類型的社會問題。矛盾中，孔子就這樣勉強繼續活在教科書裡。

把《論語》和孔子的話一齊擺放在日常生活裡，應該會出現不少尷尬的情況，畢竟孔子想解決的困難，未必是我們仍必須面對的問題；甚至政治、社會制度早已出現極大變化，想以兩千多年前的智慧，處理日益複雜的狀況，看起來就像在沙漠裡種下玫瑰，期待在不適合的環境裡，能出現理想的成果。

但這正是有趣的地方。我想試著以孔子的話回應各種問題——學校、職場、家庭、愛情，還有生活，大多取材自社會時事或個人經驗。由於是孔子的話，當然有他的原則；一旦有原則，自然就有局限。不管你認同或反對、以何種立場看待他的原則與局限，應該都可以讀到些什麼、學到些什麼。

需要提醒的是，我們常希望一種原則能適用於所有情況，或是隨意揀選對自己有利的原則來處理狀況，但前者孔子做不到，後者則不是孔子。

除了《論語》，孔子的話也散見在《孔子家語》《呂氏春秋》及《禮記》等書，若想還原孔子的人格特質與生命智慧，應該要把這些資料共同納入討論。所以回應問題時，我也會穿插一些《論語》以外的敘述，看能不能讓孔子再貼近我們一點。

我發現，對儒家與孔子本人的理解可以是兩件不同的事情。儒家發展成相當龐大的體系，只要沿著文化的脈絡尋找，可以獲得相當充沛的資源。但要是直接閱讀孔子的話與其他相關的記載，就能明白，他和學生與時人的對話，有時輕鬆幽默，有時嚴肅正經；偶爾會發發牢騷、稍微抱怨個兩句，卻仍舊沒有改變自己的理想與信念。

孔子是人，不是超人；他沒有魔力或超能力，無法在衰敗邪惡的城市裡飛來飛去，到處拯救需要幫忙的人們。他唯一能做的，只有叮嚀與提醒：好好當一個人。試圖在同樣衰敗邪惡的城市裡，喚醒大家的愛與善良，重新讓世界恢復和平。

「一天又平安地度過了，感謝孔子的努力！」我希望可以說出這樣的話，但孔子不是飛天小女警，他身處的世界仍持續墮落，墮落至今。

此外，本書的形式受到提姆．哈福特《親愛的臥底經濟學家》影響很多，一直想學習或模仿他的幽默、聰明，以及有點沒禮貌的部分。他用經濟學回應了各種讀者問題，我則是以孔子的話來提供意見；但受限於自己的學識與才力，若有任何不盡人意的地方，或是解釋上的疏漏，一切責任全在孔子——那都是他的話。

開玩笑的，我應負全部責任。

【目錄】

【目錄】

貳 家庭有點鬧——可以不聽話嗎？

【目錄】

【目錄】

參 生活有點累——可以不快樂嗎？

【目錄】

【目錄】

【目錄】

伍 職場有點忙——可以不努力嗎？

【目錄】

壹

學校有點難

一定要跟同學一起
聊八卦嗎？
非禮勿聽，
非禮勿言。

害怕徒勞無功

Asking Johnny

親愛的厭世國文老師：

未來我想讀設計系，但我不是美術班的學生，國中也沒接觸過藝術創作，高一才從零開始學習，怎麼練習都贏不過那些原本就很有才華的學生。我覺得很累，也覺得自己很廢，請問我該怎麼辦？

——熱血畫筆

親愛的熱血畫筆：

未來有太多不確定性，我們也總是擔心自己徒勞無功。先聽聽下面這個故事，好嗎？

這一天，子路和孔子出門。也不知道為什麼，子路落後老師一大段路，結果竟然落隊，迷路在陌生的田野之間。子路和校外教學的國中生有八成七像，時常給帶隊的老師添麻煩。

不過，子路成熟地請問路邊老人：「你剛剛有沒有看到我老師，高高的那個？」老人回答：「**四體不勤，五穀不分。孰爲夫子？**」覺得眼前的子路一副沒生活常識的模樣，誰會認識這種人的老師呢？

按理說，子路和老人是第一次見面，對方的口氣未免也太嚴厲：不過是提出一個小問題，有就說有，沒有就說沒有，應該不是什麼難事。反常的是，平常最愛回嘴的子路竟然沒吭聲，乖乖站在旁邊看著這位老人。

孔門叛逆期最長的子路竟然如此聽話，大概老人看他還算有禮貌，邀請子路回家吃飯和住宿，還介紹兩個兒子給他認識。

原本要找老師的子路，沒想到最後變成來去鄉下住一晚。

隔了一天，終於找到孔子的子路，對老師轉述了昨晚的經歷。孔子聽完，說了一句：「**隱者也。**」立刻要子路再去老人的家一趟，大概交代了什麼，要他說給對方聽。

結果老人已經不在那裡，子路只好把話轉達給老人的兒子，重點大概有三句：

「**不仕無義。**」

「欲潔其身，而亂大倫。」
「道之不行，已知之矣！」

意思是：
「我要改變這個世界。」
「我不能只想到自己。」
「這個世界很糟，我知道。」

孔子擺明了要子路回去嗆聲，並再次強調自己的遠大理想。看來古代小農與文青的吵架也是頗辛苦。

從這裡，我們可以猜想那一天晚上的情況。老人和子路在昏暗的燈火中閒聊時，一定不停提到孔子。老人認爲自己的生活很愜意，孔子的生活很不切實際，要子路好好體驗一下自己的生活。

當時，子路迷惘了，大概想著：「如此辛苦是爲了什麼？」

是啊！你和子路一樣，不小心陷入消極的迴圈，忘記這件重要的事：夢想一旦開始，責任也開始了。

追逐夢想的人，沒有不辛苦的。

做夢的，厭世國文老師

志向一定要遠大嗎？

Asking Johnny

親愛的厭世國文老師：

從小我就想當「黑手」，從事汽車維修的工作。也許是我還算乖巧和努力的關係，書讀得不算太差，大概都能維持在班上前幾名，所以每次提到自己的志願，家人和老師都要我再考慮看看。是不是我的志願出了什麼問題？

——迷路黑羊

親愛的迷路黑羊：

你不用懷疑自己的志願，只要持續前進就好。在旁人眼裡，他們只容許自己想看見的東西被看見，凡是那些被認爲體面的、舒適的、有保障的工作，都優先於任何你喜歡的事物。

這種想法部分正確，絕大部分卻是錯誤的。

《論語．公冶長》記錄了一段對話，孔子分別問顏淵、子路兩位學生：

「盍各言爾志？」

他想聽聽學生們對人生目標的想法，或許更想由此知道兩人如何定義「成功」這件事。向來在班上喜歡第一個發言的子路說：

「願車、馬、衣、輕裘，與朋友共，敝之而無憾。」

根據小時候的學習經驗，通常老師問學生有什麼目標時，大家都會回答想從事什麼職業，而且總有些不切實際，像是太空人、總統、開怪手的人，或是卡通裡的公主與王子。

等到年齡大一點，就會發現沒有人會關心你到底有什麼目標，而是關心你到底賺多少錢，似乎人生唯一的目標就只有錢。

比錢更重要的東西，還是錢。但今天子路不談錢，談感情。

重視朋友的子路認爲：

「好東西要和好朋友分享。」

即使東西被朋友弄壞了，也不會放在心上。換句話說，假使你跟子路借一輛瑪莎拉蒂跑車，準備帶正妹去兜風，結果不小心擦撞到路邊電線桿，他也會笑著跟你說：

「沒關係。」

又假如你跟子路借一套Giorgio Armani的西裝，好參加前女友的結婚典禮；結果不小心喝醉、吐了自己一身穢物，他還是會笑著跟你說：

「沒關係。」

子路不看利益，只看義氣。

接著，顏淵說：「願無伐善，無施勞。」不炫耀自己的優點，不張揚自己的功勞。這個人生目標既可說是微不足道，也可被視爲天方夜譚。

低調，聽起來很簡單，做起來卻很困難。更別提低調做事，低調做人。如果做事與做人都不會被發現，那就像是穿著子路借你的 Giorgio Armani 西裝，在沒有路燈的夜晚裡走路一樣。

但顏淵渴望做到這一點：不求眾人盡知，只要無愧己心。當然，這句話還是蘊含著幾分自傲與自信，畢竟還是要有優點和功勞，才具備隱藏的資格，就好像：

「我不希望大家只看我的外表。」

這表示已經把外表視爲會被肯定與讚美的存在，也知道自己擁有令人喜愛的容貌與身材，所以才會做出這樣的呼籲。

子路好奇地想探求老師的想法。孔子回答：「老者安之，朋友信之，少者懷之。」這大概是祈願世界和平的意思吧！

從子路、顏淵，再到孔子，他們都看向不一樣的遠方，各有其值得欣賞的色彩。

沒有人該成爲別人的模仿品，去做你會做的、該做的，還有喜歡做的事。
請欣然接受一個事實：人生目標可以有無限多種可能。

夢裡什麼都有的，厭世國文老師

要不要參加暑期輔導？

Asking Johnny

親愛的厭世國文老師：

我是升高三的學生，明年要參加學測，學校安排了五週的暑期輔導，但我不太想參加；反正每天不是上課就是考試，而且暑假我有自己的規畫。請問我該不該在暑期輔導家長同意書上勾選「不同意」呢？

——來自天龍高校的高二生

親愛的來自天龍高校的高二生：

建議勾選「同意」，參加學校的暑期輔導吧！

在解釋理由之前，先聽個故事。故事要從孔子第一次見到子路說起。

「你有什麼興趣？」這是孔子對子路說的第一句話，有點像是聯誼或聚餐場合的尷尬閒聊。

「我喜歡長劍。」子路的回答完全符合他的人物設定——運動陽光男孩。

孔子搖頭說：「徒謂以子之所能，而加之以學問，豈可及哉？」意思是他想知道的是子路認為自己具備何種能力，認為未來透過學習的方式，可以把自己鍛鍊到比別人更好的程度。

子路是來向孔子學習的，孔子當然要先確認眼前學生的狀況。興趣不僅是休閒的愛好，還應該是願意付出精神研究的事物；孔子能做到的，就是幫助子路正確地學習，避免浪費時間在無意義的努力上。然而，子路卻像是憤怒的高中生一樣：「學習有屁用？」

我常聽到學生有以下抱怨：

「學國文有什麼用？買披薩又用不到。」

「學數學有什麼用？買披薩又用不到。」

國文和數學可以置換填入各個學科，彷彿來學校就該來學買披薩，也只要學到如何買披薩就可以了。

孔子脾氣不錯，除了耐心回答子路，還舉了幾個生活實例，希望對方可以明白學習的重要性。子路也不是笨蛋，馬上舉了一個例子告訴孔子，即使不讀書，依舊可以活得很好：「南山的竹子，挺直到可以用來做成箭，超強！」他認爲，憑藉事物原來的狀態，仍然可以達成良好的效果，以此來比喻優秀的人不需要學習，依舊表現優秀。

「爲這支箭的末端加上羽毛，再把箭頭磨得更銳利，你不覺得會超超超強嗎？」孔子以子路所舉的例子做出另一種解釋，說明除了與生俱來的天賦，後來附加的各種有利條件，都可能幫助自己突破原本的限制，進入下一個更高的等級。

最後，子路被孔子說服，同意學習的重要性。

這裡談及的學習係指接受他人的指導與教學。你都進入高中上課了，不就是爲了獲得更好、更多的幫助嗎？如果自己沒有更好的讀書方法、擬定更完整的課程規畫，甚至使用擁有更豐富的學習資源，那麼暑期輔導眞的會是相對優質的選擇。

不參加暑期輔導、在家自學也是可以，但我向來好奇：能自學的學生，爲什麼還需要到高中來讀書？

準備開始暑輔的，厭世國文老師

反正不公平，所以我也想作弊！

親愛的厭世國文老師：

我想作弊！因為雖然我很努力讀書，但都得不到好成績，上學期還浪費錢重補修英文；卻有同學在考試的時候帶小抄，靠著作弊拿到高分，或是低空飛過及格邊緣。這實在太不公平了，所以我也要加入作弊的行列，反正大家都在作弊。你覺得呢？

——我就爛

Asking Johnny

親愛的我就爛：

在做任何決定之前，我們習慣爲自己未來的行爲找一個理由，那代表著欲望與道德之間的妥協；無論你心中的天秤傾向何者，都是現在與過去的自己在互相比較。

不管再怎麼掙扎，你不能受到旁人影響，必須堅持自己的原則，千萬不要被外在環境的困厄所改變——你不可以作弊。

你可能會衡量作弊的效益，但這不是你最聰明的選擇方式，該考慮的是自我認識與良知。

所謂**「君子固窮，小人窮斯濫矣」**，人們一旦遭遇危機，可能會出現兩種類型的反應：一是堅持原則，二是胡作非爲。按道理來說，每個人都具備良知，應該可以明白地辨識事情的是非對錯，輕易做出符合公平正義的判決。但內心那一位代表良知的法官，卻常常受到其他人、事、物的蒙蔽與阻礙：敲擊法槌不完全是爲了秩序，反而往往是在維護自己的利益，轉移應該承擔的錯誤與壓力。

也就是說，我們並不如自己想像的那樣善良與誠實，容易把過錯推卸給險惡的環境；一個沒注意，又跟著這分險惡墜落，並且原諒自己帶來的一切後患。

孔子與學生們受困在陳國、共同面對飢餓與疾病帶來的恐懼時，最敢說出內心話的子路不免抱怨：「好人也會遇到壞事嗎？」（**「君子亦有窮乎？」**）

按道理，好人應該要有好報；縱使沒有好報，也該有平穩的生活。現在非但沒有平穩的生活，反而身處危險之中，這樣當好人又有什麼意義？

看著餓到還有力氣不爽的子路，孔子淡淡地回了上面提到的「君子固窮」一句。

好人當然會遇到壞事，但他們很難因此變成壞人，畢竟已經習慣堅定自己的信念；但有些人一不小心，遇到壞事時就會跟著一起變成壞人，這是由於他們從來沒有眞正維護過自己的原則，才能輕易地拋棄原本屬於自己的問題。

不要作弊，除非你心中的法官是一隻醜陋的恐龍。

正在教重補修班的，厭世國文老師

考試前失眠，怎麼辦？

Asking Johnny

親愛的厭世國文老師：
我該如何化解考試前一天的焦慮？每次都覺得自己準備不夠充分，擔心到睡不著覺。

——失綿羊

親愛的失綿羊：

如果你有好好準備考試，那麼焦慮不過是代表你的重視，不妨接受這種感覺。

跟你分享一個故事：

課堂上，顏淵再一次表示：「如果沒人要我，我會自己滾。」用充滿真摯的眼神，以及沉穩的嗓音，向全班同學說出心底的想法。

大概是孔子提出如此疑問：「如果得不到期待中的關愛，你們會怎麼做？」能夠跟著孔子周遊列國的學生們，應該都擁有一顆堅忍的心，不怕失敗與困難，才可以朝著虛無的遠方前行。

子路又是第一個舉手：「如果沒人要我，我會更努力。」依序可能還有幾位同學發表自己的意見，大多應該是積極、正向、樂觀，或是覺得用力呼吸，就會出現奇蹟之類的。跟著總想改變世界的老師久了，似乎自己也必須做到一樣的事情。

然而，孔子卻同意顏淵剛剛的想法，認爲既能把握機會爲群眾服務，也可以放棄執著，做回自己。

難的是堅持，更難的是捨得。

孔子認爲自己可以做到，顏淵也可以做到。其實《論語》這一篇沒有提及顏淵做了什麼，還是說了什麼，一開始就是孔子對顏淵的某種告白：「**用之則行，舍之則藏，唯我與爾有是夫！**」但我覺得顏淵一定有做對或說對什麼事情，才會讓孔子的目光專注在他身上，發現彼此具有相似的人格特質。

在旁邊聽到老師讚美其他同學的子路，心裡應該有些吃醋：「明明我也沒比較差，爲什麼老師不讚美我？」才會突然插嘴：「**子行三軍，則誰與？**」假使要帶兵作戰，勇猛強壯的子路和那個整天都吃不飽的顏淵相比，他有自信孔子一定會同意自己是最適合的忠誠好夥伴。

結果，孔子聽到子路要自己加入國軍，腦袋裡的理智線瞬間斷裂：「**暴虎馮河，死而無悔者，吾不與也。**」如果按照中華民國國軍的口頭禪來翻譯這一句話：

「腦震盪的豬都比你聰明。」

「挖洞給我跳啊！」

「要去你自己去。」

孔子忽然大發脾氣，大概是想起過往的義務役生活，或是後悔當年沒把志願役給他簽下去（誤）。

換個角度來看，子路是個想討拍的學生。孔子不願意「惜惜」兩下也就算了，好歹拿出平常那種敷衍的微笑，至少不會傷害到學生脆弱的心靈。

但現在，孔子直接責備子路有勇無謀，聽起來就像老師對學生說：「腦袋很棒，希望你們都有一個。」這時子路應該會拿起手機，按下一九九九的號碼，投訴孔子言語霸凌，檢舉他是不適任教師。

不過，孔子繼續補充說明：「**必也臨事而懼，好謀而成者也。**」語氣從嚴厲轉為溫柔，仔細地叮嚀子路：

「會怕，才好。」

一樣的，你會擔心，代表你有好好想過、準備過，對吧？

失眠數羊的，厭世國文老師

分組報告可以自己一組嗎？

Asking Johnny

親愛的厭世國文老師：

國文課的分組報告，我的組員們都很雷。笨就算了，還不認真，我一個人就可以做完他們全部的工作。下次我是不是應該自己一組就好？

——中港路柯比

親愛的中港路柯比：

我們都不喜歡分組報告裡的「躺分仔」，這些人非但不積極參與，還造成認真組員的困擾，最後卻能得到與付出努力的人一樣的分數，這實在太不公平了，對吧？

若在可以獨自負擔分組作業的情況下，減少與他人溝通和協調的時間，還不必在意公平性的問題，怎麼想都覺得很划算。

但你失去的正是學習溝通和協調的機會，以及爭取應得利益的可行方式。孔子說：「**三人行，必有我師焉。**」在群體中所出現的各種人格特質與行爲模式，皆是我們學習的對象。你專注於完成報告作業，也追求優異的成績，卻忽略學習是動態的過程。

在此過程裡，所有接觸到的人事物，無論是阻力或助力，都可能讓自己的想法、態度，以及價值觀變得不一樣。

孔子應該猜到你會反駁：「爛組員哪有可供學習的地方？」的確，我們習慣向比自己優秀的人學習；至於那些差勁的組員，就應該被放逐到永遠見不到太陽的地方，像是地獄深淵之類的。

於是孔子接著說明：「**擇其善者而從之，其不善者而改之。**」你必須嘗試發現其他人的優點與缺點，再檢視自己身上是否有類似的特質或行爲；接著，繼續保留那些好的部分，並改正不好的部分。

我無法確認你是否看見組員的優點，但必定注意到他們怠惰、愚蠢的缺點。透過孔子的建議，你可以想一想：自己有沒有怠惰、愚蠢的缺點？即使現在沒有，你依舊可以再次檢視自己，並繼續保持這樣的態度；如果知道自己有相同的問題，那更該覺得高興，因爲你拾獲了改變未來的鑰匙，得以前進到更好的明天。

因此，你可以再思考一下分組報告的價值：除了學科知識外，是不是還有其他的意義呢？

不過，分組報告通常會視學生狀況調整分量。如果你覺得自己一個人就可以完成全部，或許表示這份作業難度太低了。

合群的，厭世國文老師

堅持或放棄

Asking Johnny

親愛的厭世國文老師：

我是學校音樂性社團的社長，正在準備年底的成果發表會。大家開籌備會議的時候討論很熱烈，等到要分配和執行工作時，卻又以各種理由遲到早退，甚至乾脆鬧失蹤。身為社長的我很想放棄，但成果發表會是社團的傳統，學長姊和老師們都很期待，我該不該放棄舉辦活動呢？

——小小社長

親愛的小小社長：

堅持或放棄，向來是想知道停損點在什麼位置。但儒家的字典中，「理想」一詞的注釋寫著：不要放棄。你必須用力維護心中的理想。

說個故事給你聽：

那天，孔子開車載著子路出門兜風。由於沒有Google Map可以導航，不熟悉路況的兩人，正好看見有位農夫在耕作，孔子吩咐坐在副駕駛座的子路下車詢問正確的路線。

子路先請問其中一位名爲長沮的農夫。

「不好意思，想請問渡口怎麼走？」

長沮放下手邊的工作，抬頭看了一下坐在駕駛座的孔子。他並沒有正面回答子路的問題，而是以另一個問題做爲回應：

「開車的是誰？」

子路是老實人，點頭說：

「是孔丘喔！」

長沮進一步確認：

「是魯國那一個嗎？」

當時不知道是不是很多孔丘，就像金城武一樣，有三重的、鳳山的、天母的，甚至還有太麻里的。但眼前這一位，的確是眾人熟知的魯國孔丘，子路便點頭說「是」。聽到這裡，長沮回了一句：

「是知津矣！」

津是渡口，知津就是知道渡口在哪裡。子路滿臉春秋人問號，就是不知道路才來問；若是眞的知道，還在這邊跟莫名其妙的農夫浪費時間幹麼？

子路並沒有聽出長沮話裡的嘲諷。長沮的意思是，孔子既然能周遊列國，身爲曾到過這麼多地方的旅行者，一個小小的渡口怎麼會難得倒他？但他更有可能是在譏刺孔子：

「啊你不是什麼都懂？現在竟然還會迷路，笑死。」

子路轉頭問另外一位農夫桀溺，期待能夠獲得有意義的解答——這個名字時常讓我想到《精靈寶可夢》裡的傑尼龜，口中會發出「傑尼！傑尼！」的叫聲，動畫裡還從黑社會轉職爲消防隊員，完全是個勵志角色。

不是傑尼龜的桀溺問子路：

「你是誰？」

子路白眼翻到天靈蓋了。怎麼又是一個怪農夫？趕快指出渡口的方向很困難嗎？幹麼一直對自己和老師進行身家調查，是不是喜歡人家？果不其然，桀溺一聽到「孔丘」這個關鍵詞，也開啓嘲諷模式：

「快逃！不要跟著你老師玩什麼正義遊戲啦。」

結果桀溺依舊沒有告訴子路渡口的位置，自顧自地繼續剛剛沒完成的農業耕作活動。

時間被當成垃圾一樣浪費的子路回到車上，對孔子講述剛剛發生的奇怪經歷。孔子覺得心中有某個東西被硬生生挖開，但緩緩流出的不是鮮血，而是某種不可告人的惆悵：

「天下有道，丘不與易也。」

如果世界能正常運作，我又何必用盡力氣將其推向正確的軌道？換句話說，要不是世界這麼爛，我哪裡需要這麼努力呢？

同樣的，因爲有你，再困難的活動，也有可能變得完美。

常迷路的，厭世國文老師

好不想去畢業旅行

親愛的厭世國文老師：

我是一名畢業班導師，最近學校要舉辦三天兩夜的畢業旅行，而且得搭乘四個小時的遊覽車，才會抵達目的地。好不想去。帶著三十多名青春期哺乳類動物旅行，實在非常痛苦，真想裝病請假。我該怎麼做，才能讓自己不要這麼不爽？

——崩潰的導師

親愛的崩潰的導師：

幸福是比較出來的，痛苦也是。

中國歷史上最早舉行畢業旅行的老師是誰？答案就是孔子。

如果你知道孔子帶著一群學生在外地遊學的時間是十四年，大概就不會覺得三天兩夜的畢業旅行有什麼好痛苦的。

要是這樣還不夠舒緩你的情緒，可以再跟你說：孔子的旅行途中還遇到糧食危機，差點餓死在半路上，原因竟然是孔子太優秀了。

當時陳、蔡兩個國家，擔心孔子前往楚國後受到重用，反而會對自己國家不利，於是決定當一次政治上的恐怖情人，以軍隊阻擋孔子的車隊，不讓他有機會抵達目的地。

根據《孔子家語》的記載，孔子一行人七天沒有吃飯，而且還有學生生病——沒飯吃也就算了，學生生病真的會嚇壞導師。然而，孔子不愧是資深教育工作者，完全置學生之死生於度外，依舊**「慷慨講誦，絃歌不衰」**，一邊上課，一邊放音樂，貫徹畢業旅行「不能只有玩樂，還必須進行教學」的教育理念，擴展學生的知能與視野。

如果你還是覺得沒什麼，再讓我告訴你：這是孔子第二次被人限制行動自由。之前路過「匡」這個地方時，孔子被誤會成大壞蛋陽虎——大概是兩人同樣身材高大，也都來自魯國吧。不明所以的當地鄉民，於是組成民間防禦自衛隊，計畫報復眼前這位被誤認爲陽虎的孔子。

難怪孔子受困陳、蔡的時候，還能保持冷靜，沒像個崩潰的導師，發出絕望的吶喊，因爲他早就實際演練過一次了。如果有機會，孔子一定會對你說：「第一次？」然後笑著分享教學與旅行的經驗。

再怎麼糟糕，也不會再比孔子的經驗更糟糕。

希望我有安慰到你。別再想著如何能不去畢業旅行了，導師的工作就是如此。

對了，趕快去買副耳塞，遊覽車上的學生ＫＴＶ根本是密室殺人。

剛從畢旅回來的，厭世國文老師

誤會學生上課玩手機

Asking Johnny

親愛的厭世國文老師：

我是國中老師，曾誤會一名學生上課偷玩手機。但在我生氣地責備他之後，才知道他是用手機把英文單字做成筆記，而那節課的確是要讓學生準備英文考試沒錯。請問我該如何避免這種狀況？

——五餅老師

親愛的五餅老師：

我們習慣把世界分成兩部分：一部分是自己願意相信的，另外一部分是自己應該相信的。

有的人以爲，眼睛看見的，就是應該相信的事實。但這些人錯了。

孔子也曾犯下同樣的錯誤。在他與學生困於陳國和蔡國之間時，七天沒有辦法吃到飯。其中一位好學生顏淵，不知道從哪裡要來米粒，又拿出鍋子準備煮飯，卻被孔子無意間發現，他正在偷吃鍋子裡快煮熟的飯。

大家餓得要死，結果你顏淵竟然先吃一口，這就像朋友幫你外帶一份鹹酥雞時，趁你不注意，偷偷叉了兩塊雞肉吃下肚，再交還到你手上。難怪友誼的小船說翻就翻，以後乾脆統統買雞排不切加大辣，以防被抽「食物稅」。

總之，孔子不爽，但孔子不說，故意在吃飯前宣稱自己夢見死掉的父親，準備先用這一碗飯祭拜祂。結果顏淵立刻阻止：「這飯不乾淨。」當下孔子應該心想「Gotcha！逮到你了」，偷吃食物的小子竟然自己承認了。

顏淵趕忙解釋，自己吃掉的是沾有灰塵的米飯，不然丟了浪費，給老師吃又不禮貌。他依然是乖巧又聽話的好學生，孔子誤會大了。

「所信者目也，而目猶不可信；所恃者心也，而心猶不足恃。」孔子藉此事要周圍的學生們記住：眼睛看到的，不能相信；心裡猜測的，也不能相信。認識一個人就是如此困難，任何以理性與感性做爲準星的射擊，永遠都有錯失眞相靶心的可能。

從孔子的結論來看，辨識一個人非常不容易，你也別太在意誤會學生玩手機的事，只要之後試圖進行補救、澄清，並檢討自己就好；或者像孔子那樣，趁機教育班上同學，畢竟你面對的不只有眼前玩手機的同學，還有在旁邊觀看老師如何處理的其他人。

做爲一個讓自己能走下來的臺階，孔子的方式應該還算不錯吧！

此外，孔子一開始並沒有對顏淵大呼小叫，而是用間接的方式暗示，也才有機會聽到顏淵說明實情，並在舒緩平和的氛圍下，進行了一場有意義的溝通。

不要那麼容易生氣，有太多可能是我們意想不到的。

寬容的，厭世國文老師

手機一定要讓學校保管嗎？

Asking Johnny

親愛的厭世國文老師：

學校有專門收手機的「停機坪」，也有人戲稱是「養機場」，手機要從早自習鎖到放學才發還。雖然學校認為這樣對學生的學習有幫助，但我覺得讀書要看個人的自律與努力。學校保管手機的規定，是不是多此一舉？

——iPhone 14

親愛的 iPhone 14：

學校保管手機的規定，的確多此一舉。

就大多數未滿二十歲的學生來說，手機是家長買的，門號是家長申請的，手機要如何處置，應該可以交給家長全權決定。那麼問題在哪？最大的問題可能是家長無力管理自己小孩的手機，必須把權力委託給學校，由學校代替家長來約束與限制學生的手機使用。

至於家長與學校主張管理手機有助於學習一事，孔子大概會反對這樣的做法，因爲他支持自律。

進一步說，在社會群體結構裡，孔子更認爲管理者必須嚴格約束自己，因爲他們的自律有助於推行政策與計畫。《論語．子路》說：**「其身正，不令而行；其身不正，雖令不從。」**意思是如果想管別人，就該先管好自己；只要管好自己，就算不管別人，別人也會知道該管好自己。

所以孔子不會贊成學校保管手機的規定；倘若眞有推行這項規定的必要性，就得先從校長、主任，還有導師開始做起：在沒有任何強迫的外力介入下，他們自願在上班時間把手機交付出來，共同放置在校園某處安全無虞的箱子內。這樣一來，不用任何規定，便能驅使學生做出學校與家長期待的行動——交出手機。

再者，管理手機不是只有限制使用時間而已，記錄使用時數、關掉推播通知、睡前不用手機，以及把螢幕色彩改成黑白模式，都是可以嘗試的方法，但孔子會更希望有影響力的學校與家長：做個好榜樣吧！

責任越大，自律越重要。

偷偷告訴你：檢驗手機是否用於學習的方式之一，就是打開你的搜尋紀錄，了解最近幾次找了哪些資訊，並好好確認一下內容，看看是否符合大眾對於學習的定義。

追蹤網美的，厭世國文老師

和同學聊八卦才有朋友？

Asking Johnny

親愛的厭世國文老師：

學校下課時間，班上同學常聚在教室角落閒聊別人的私事；不是在說哪個同學喜歡或討厭誰，就是把某人的祕密當成話題。我覺得這樣好像不太好，但又怕沒加入他們，我會失去一群朋友。請問我該怎麼做？

——Gossip Girl

親愛的 Gossip Girl：

既然你會覺得哪裡怪怪的，那表示你知道在背後議論他人並不恰當；但又對自己是否參與的決定產生疑慮，因為閒聊彼此的八卦，似乎可以換得深厚的友誼。

關於你的問題，孔子的做法很簡單粗暴：「**非禮勿視，非禮勿聽，非禮勿言，非禮勿動。**」這四句話的共同原則就是辨識並拒絕「不合禮」的項目。原本這是顏淵提出關於「仁」的疑問，而孔子先以「克己復禮」回答，意思是要達成仁的境地，必須壓抑自己的欲望，不讓欲望操控自己的言語和行動。他強調，這無涉於他人的協助，而是完全出自於個人意志；至於是否成功，則有賴旁人的判斷。你唯一能理解與做到的，就是克制自己。

孔子暗示顏淵：「仁」的存在要從「禮」的實踐來證明，而「禮」的實踐則是透過個人意志來完成。

擅長表演好孩子的顏淵追問：「老師，能不能再說得具體一點？」希望能有實際例子，好讓自己照三餐演練操作，大概這樣才能隨時提醒老師，自己是好孩子。孔子給顏淵的具體方案，即是一開始提到的「非禮勿視、聽、言、動」四者。

麻煩的是，如何界定「不合禮」的範疇？孔子究竟是懶得多說話，還是覺得這個題目之前上課已經說過了，顏淵你回家自己練習就好？又或者孔子其實把是否合禮的判斷，交給顏淵決定，要他聰明地分辨什麼可以做，什麼不可以做？畢竟只有自己最了解自己的欲望，還有道德價值的層次。

所以，如果你已經知道在同學背後說閒話不好，那就不該去做。無論出於什麼樣的動機和理由，你都必須克制想加入朋友群瞎聊的欲望，嚴格要求自己實踐個人道德價值。

不過，想要擠進同儕之間，除了交換自己或別人的祕密，還有沒有更適合的方法，像是一起上廁所或者去合作社？

坦白的，厭世國文老師

制服超級醜

Asking Johnny

親愛的厭世國文老師：

中華民國學校的制服有夠醜，運動服更是醜中之醜，根本居家睡衣，而且還是顏色很奇怪的居家睡衣。我想穿喜歡或好看的衣服上學，你不覺得開放讓學生自由穿便服比較好嗎？

——學美

親愛的學美：

同意你對中華民國學校制服的看法，但你認為的「醜」可能就是其價值所在。

這裡不談制服「安全」與「秩序」的功能，那有太多可以爭論的地方；畢竟你的問題應該是「為何不能穿好看的衣服上學」。若制服和運動服變得好看，你是不是就能接受呢？

美醜的標準向來浮動且無法量化，像是天底下的母親都覺得自己小孩最美最好看，但不是天底下的每個小孩都這樣看待自己。

孔子看待美醜，是以「禮」做爲標準，也就是符合事物整體的協調性與自然性；破壞這個和諧狀態後，即會形成大眾認知的好看與不好看。

關於制服，孔子會認爲要保持穩定、普通、日常、對稱、成比例、符合協調性與自然性的設計。他曾批評子路的穿著過於華美，違背上述的各項原則。

事情是這樣的，子路選了一件漂亮的衣服去上學。大概眞的很引人注目，讓孔子立刻劈哩啪啦叨唸了起來：

「你幹麼穿成這樣？」

「誇張耶你。」

其中有一句是：「**今女衣服既盛，顏色充盈，天下且孰肯諫女矣！**」現在你衣服穿得如此盛重好看，身上什麼顏色都有，你覺得別人怎麼會願意提醒你的錯誤？

孔子的結論有點奇怪，衣服穿得華麗，和別人是否會提醒錯誤有什麼關聯？答案是：傲慢。

穿著華麗，即使自己沒有傲慢之意，也可能出現傲慢的神色和態度，這都是自己難以注意到的問題。此外，你若表現出自以爲是、得意洋洋的神色，覺得自己站在外表金字塔的頂端，旁人還會願意指正缺失嗎？大概會覺得你聽不進任何意見吧！

這樣一來，會失去一個能讓自己成爲更好的人的機會。

子路平常像個叛逆的學生，但這次聽完老師的話，隨即「**趨而出，改服而入，蓋猶若也**」，快步走出門，回家換了一件衣服再進來，神色也變得舒和。

結局有點不可思議，換了一件衣服，就像換了個人，子路的氣質竟然變得不同。服裝，是我們的另一張面容，要爲自己選擇最適當的那一張面容，而這同時也決定了別人將怎麼看你。

與其說學校制服醜，不如說是普通，但有助於你專心學習、改正問題。你想自己選擇服裝穿到學校也沒有關係，記得跟學校制服一樣「醜」就好。

醜醜的，厭世國文老師

朝會取消真是太讚了

Asking Johnny

親愛的厭世國文老師：

聽說教育部即將取消學校每星期的朝會。實在太好了，完全不想一大早聽校長和主任在那邊廢話，想知道你會不會也同意取消朝會？

——快樂小高一

親愛的快樂小高一：

我完全能感受到你的愉悅，畢竟早上七點半就穿著不透氣的制服，聽著司令臺上的師長說著沒人在聽的政令宣導，實在不太好受。

「幹麼朝會？立正站在操場有夠虛偽。」

「我有聽到就好啦！」

「不要浪費時間。」

學生常有這樣的抱怨，就跟我高中的時候一樣瞧不起老師，也瞧不起學校，總是想表現眞實的自己，鄙夷虛僞的人生。

然而，我覺得學校是知識產生的場域，在這裡的一切禮儀規範，皆是爲了尊重知識所設置。

所以，不只是學生要參加朝會，老師也應該身處其中。

《論語．八佾》提及：「**祭如在，祭神如神在。**」

祭祀，是爲了相信鬼神存在的儀式；或者應該這樣解釋：必須相信鬼神，祭祀才有意義。即使你眼中看不見那些超自然的力量，心中仍必須有個位置安放祂們。

唯有如此，所有的跪拜、祈禱，才不會成爲機械化的行動。

孔子又說：「**吾不與祭，如不祭。**」認爲自己若是沒有參加祭祀，便無法證明內心有對鬼神的敬意。換言之，要表現對某種無形之物的感覺，就必須透過外在的儀式證明；而外在儀式的價值，乃是依靠內在的眞誠才能彰顯出來。

嚴格來說，這裡提到的「眞誠」，反而更像「欲望」：想獲得祖先護佑的欲望，想看見神明賞罰的欲望。所以，我們願意參加祭祀儀式，希望神明臨在於此時此刻；即使知道自己看不見，也願意當祂就在自己眼前。

因此，問題從來不會是朝會要不要取消，而是學生根本不相信學校裡有知識正在發生，有必須認眞聆聽的時候——教室沒有，朝會也沒有。

沒有探究未知的欲望，沒有學習道理的欲望。在教室不會發生，在朝會更不會發生，所以我們不願意進入教室、參與朝會；因爲知道沒有價值，也就不懷抱任何期待。

如果我們相信典禮和儀式有意義，具備某種別處無法尋得的神聖性，學生就不會拒絕參加朝會。

不過，我們總是在掙扎：是跪拜、祈禱，才有信仰；還是先有信仰，再願意歸拜與祈禱？

立正敬禮的，厭世國文老師

貳

家庭有點鬧

媽媽都以為
我沒在念書！
人不知而不慍，
不亦君子乎？

媽媽覺得我都在玩

親愛的厭世國文老師：

假日我在自己的房間溫習功課，偶爾會休息玩個五分鐘的手遊，但我媽常會在這個難得的休息時間裡闖進我的房間，然後罵我都沒在讀書，手機玩一整天。我覺得很委屈，明明就有讀書，還讀很久，現在想起來還是好生氣，怎麼辦？

——哥只是傳說

親愛的哥只是傳說：

五分鐘的遊戲時間，被認爲是一整個下午的荒廢；遭到誤解，卻又無法提出證明，怎麼想都會讓人不是很愉快。

我們不妨接受事實：讀書是爲了自己，而不是用來證明努力的存在。

孔子一定也會同意上述說法：「學而時習之，不亦說乎？有朋自遠方來，不亦樂乎？人不知而不慍，不亦君子乎？」出自《論語．學而》的這段話，大概是中華民國教育裡面最獲大家關注的內容。但這不是我要提起它的原因，而是想藉機說明孔子此句對於「學」的看法。

關於「學而時習之，不亦說乎」一句，強調的不是「時常複習」，而是「適時使用學問」，偏向現在新課綱「素養」的解釋——活用知識。換句話說，孔子不是要你反覆刷寫測驗題本，而是要你把上課學到的東西實際應用在生活裡，這樣才能感受到知識帶來的喜悅。

「有朋自遠方來，不亦樂乎」中的「朋」，指的是共同研究學問的朋友。學生常故意舉手提出質疑：「難道討債的朋友，孔子也會覺得快樂嗎？」這時候我不免佩服學生的見識，明明也沒錢借人或向人借錢的機會，卻能知道討債與被討債的不對等關係。再調皮一點的學生，會重新改寫此句為：「有朋自遠方來，雖遠必誅。」到底誰敢做你的朋友啦！

孔子開心地發現，有意義的學習是應用與分享，而學習的價值也並非獲得他人的肯定或理解。關於這點，他總結道：「人不知而不慍，不亦君子乎？」學習之所以感到快樂，就是因為擁有自由獨立的人格——為自己而學。

因爲這樣，學習反而簡單且令人安心，不用爲了誰證明自己，更不用焦慮努力遭到忽視。

所以，你不應該生氣，除非你從來不知道課本的知識到底能幹什麼，也沒有一群能討論功課的好朋友。

自學的，厭世國文老師

兒子老是在玩手機

Asking Johnny

親愛的厭世國文老師：

我兒子目前讀高中二年級，生活表現還算正常，課業也就不上不下，說不上好也不算壞。最近比較讓我困擾的是，他一到假日，就賴在床上玩手機遊戲，完全沒有想出門的意思，好擔心他變成阿宅。

——媽媽狠擔心

親愛的媽媽狠擔心：

手機是現在社交與娛樂的重要工具，彷彿成為身體器官的延伸；一旦你控制或取消手機的使用，就會像是盜走孩子的腎臟或眼角膜一樣，讓他覺得非常不舒適。

手機以不同的方式提供娛樂，即使那些娛樂看起來都像是相同的類型，但就是有辦法吸引人們的眼睛，願意把大量時間耗費在重複且沒創意的遊戲模式裡；似乎在訓練並製造新世代的活屍，只會機械性地操控手指，並發出無意義的叫喊聲。

你的擔心，我懂。

《論語．陽貨》提供另一個思考的角度：「**飽食終日，無所用心，難矣哉！不有博弈者乎？為之猶賢乎已。**」孔子認爲，整天吃飽沒事做，光是放空發呆，距離成功只會越來越遠，還不如去下個棋或丟骰子，做些需要動點大腦的事情，都比在那邊混吃等死來得好。

在我們這些從小學習「中華文化基本教材」的人眼中，很難想像孔子會覺得遊戲也有不錯的時候，明明他的名字應該是學習和工作的代名詞才對。但我猜那是因爲跟不做事的廢物相較起來，會玩遊戲的廢物還有值得一提的地方——手和腦有在動。

既然你的孩子成績沒有太差，日常作息依舊正常，手機遊戲不過就是日常生活的消遣，那麼依照孔子的說法來看，這比坐在沙發上當一顆馬鈴薯來得有意義許多；且這一顆馬鈴薯，通常是不太可愛的那種。

孔子的重點在於不要浪費時間。雖然無所事事，但如果可以獲得快樂，那無所事事就不是浪費時間。不過他認爲，對未來成就最好的預測，是從與他人、社會的互動來觀察，必須積極地加入群體之中，並規律地進行鍛鍊或學習——遊戲至少符合上述的條件。

至於手機遊戲，不過是加入群體與鍛鍊學習的另一種形式：在虛擬的空間裡和他人互動，並且挑戰更高的積分與排名，這也可以帶來希望、勇氣，還有成就感。手機遊戲是有意義的，但是僅限於和那些擺爛、放空、發呆等行爲做對比，才能明顯展現其價値與功能。一般來說，我們很難確認手機遊戲眞的有想像中那麼好。

如果你眞的擔心，那麼……孩子的手機是你買的，網路是你辦的，大可以取消這一切，對吧？

不玩手機遊戲的，厭世國文老師

考前要不要幫小孩點光明燈？

Asking Johnny

親愛的厭世國文老師：

我的孩子今年要考國中會考，真希望他能考上心目中理想的學校。我是不是應該去點個光明燈？聽說依照位置與大小，有不同的價格，從一盞三百元到三千六百元不等，貴一點的好像可以讓我比較安心。

——蓮子

親愛的蓮子：

點一盞光明燈，祈求文昌帝君賜與智慧，這件事我認為是多餘的；或用更精確的說法——無法驗證是否有效。我總這樣覺得：光明燈是為了安撫家長的心靈，而不是讓孩子考上理想學校。

孔子雖然沒有明說，但他應該也不相信點光明燈會有什麼實質的幫助。關於信仰與祈禱，他並沒有太大的期待，畢竟天底下沒有白吃的午餐，當然也沒有莫名添賜的智慧。

或許可以這麼說：人們有生命的掌控權，即使不知道自己從何處來，仍能決定未來該往何處去。至於那些不可預測的鬼神，就該好好放在神聖的祭壇上，而不是盼望祂們隨時伸出手拯救人類；畢竟唯有自己才是自己的救贖。

《論語．述而》提到一則故事：孔子得了重病，子路因爲擔心老師的狀況而不斷祈禱，師生之間的情誼頗爲動人：

「聽說你幫我祈禱？」

「是的，幾乎每位神明我都有去祈禱。」

換做現代，子路大概會先去道教宮廟、再到佛教寺院，或許還有天主堂、清眞寺、猶太會堂，所有能夠祈求平安的神明，無論中西全都祭拜過一遍。

但孔子感覺不太領情，也有點不以爲然地說：「**丘之禱久矣！**」表明自己已經祈禱很久了。這句話聽起來有些許反諷的意味，似乎覺得子路平時沒燒香，現在臨時才想到要抱佛腳。

很多人對於減肥的努力，就是在大吃大喝之後，點一杯無糖綠茶；而很多學生對於考試的努力，則是在大玩大睡之後，點一盞光明燈。

因此，孔子那一句「我已經祈禱很久了」，是在告訴子路過程與目的之間的關係：任何事情都不可能捨棄過程，直接抵達目的，必須持續努力奔跑，最後才有機會衝向終點。

換句話說，沒有累積，怎麼會有奇蹟？考前點光明燈的你，除了祈求，也請別忘了身爲家長的責任——陪伴與叮嚀，在學習的路上，孩子往往需要父母的提醒。

畢竟家長沒辦法幫孩子考試，用功讀書這件事，終究得交付在孩子手中；點一盞光明燈，似乎也是家長在無能爲力的狀況下，唯一能做到的協助了。

如果眞的要點光明燈，那就早一點去；神明若有靈驗，也比較顯得出自己的誠意。

黑暗的，厭世國文老師

媽媽管太嚴了！

Asking Johnny

親愛的厭世國文老師：

我是個二十歲的大學生，現在住家裡。但我都念大學了，媽媽依舊各種碎念和監督。從衣服穿著、生活作息、交友狀況，甚至購物消費，她都過分積極地介入其中，還會干涉我的工作選擇和時間分配；而且只要我不聽話，就開始情緒勒索，覺得我不夠尊重她。真煩，是不是該搬出去住、不讓家人知道我的地址？

——想飛的鳥

親愛的想飛的鳥：

你當然可以隱藏自己的住址，但我很懷疑能隱藏多久時間。

想必你一定承擔很大的壓力，才不得不做出獨自居住的決定，只待未來出現好的時機，便會頭也不回地逃離家裡。

你的挑戰在於，就算搬出去住，也要能維持穩定的生活水準——或至少物質條件不至於那麼糟糕。但更大的挑戰是：維繫穩定的親子關係。

或許，你會將物質與自由放在天秤上衡量，最後得到一個可以接受的結果。這取決很多外部條件，畢竟未來有太多不可預期，現在並無法知道最後的答案。然而，你還必須擺放上代表親情的砝碼，再次觀測它與自由之間的關係，這才是最困難的平衡。

關於「親情」的解釋，子游從孔子那裡得到這樣的答案：

「今之孝者，是謂能養。至於犬馬，皆能有養；不敬，何以別乎？」

養動物和養父母的分別在於「敬」。孔子強調的是良好的態度，而這樣的態度會產生不同的結果，感受當然也不一樣。

「孝」之所以這麼困難，在於必須耗費體力、金錢和心思，其最主要的目的是爲了保護血緣的聯繫。若是只在物質層面滿足，卻未能拓展至精神層面，反而很可能導致彼此聯繫變得相對脆弱。

對父母與子女來說，達成孝的內在驅動力是眞誠，也就是所謂的「敬」，進而表現出來的和顏悅色或輕聲細語，都是眞誠化爲實際行動後的結果，讓彼此有機會從情感流失中恢復。

事實上，沒有任何一種關係是不需要努力就能維持的。但很顯然的，孔子把維持關係的轠繩交付在子女手上，由他們拉住不斷被時間扯向遠方的父母，努力嘗試保持密切的互動。

從這樣的角度思考，子女並不是被父母束縛的對象，反倒成爲這段關係的主導者；假使鬆開握緊轠繩的手，父母將會以不同於死亡的方式離去。

眞誠，就是這一條轠繩。

在不久的未來，換你決定如何與媽媽相處了。

媽媽住隔壁的，厭世國文老師

打小孩是不是錯了？

Asking Johnny

親愛的厭世國文老師：

我不想打小孩，可是我兒子最近調皮到不行，房間裡的玩具散得一地都是；催他收拾，還給我大聲回嘴說「不要」。等到我講第三次的時候，終於忍不住拿起衣架狠狠揍他一頓，冷靜下來後，我才意識到自己打小孩是不是錯了，應該好好溝通，對吧？

——唬爸

親愛的唬爸：

「我數到三」是很多人關於恐懼的集體記憶，係父母用以警告、命令，以及威嚇子女的咒語。這句話通常會以子女的全名爲開頭，接下來就是充滿創意的製造疼痛方式，使用的道具包括：衣架、藤條、皮帶，或是熱熔膠條。

說到這裡，那些令人不快的童年悲慘經驗再次回到腦袋裡。我向來認爲體罰不具效果，當下或許能產生某些成效，但相信我——長大後，不太會記得被體罰的理由，過程中的痛苦卻難以忘卻。

孔子的看法可能不太一樣。他似乎沒有反對父母對子女施加體罰，但只有提醒子女注意一項原則：「**小棰則待過，大杖則逃走。**」如果父母要打你，得先觀察他們手中的棍棒大小，如果沒什麼殺傷力的話，就忍耐被打個幾下，意思意思也就過去了；萬一拿起了凶狠的危險武器，拜託你，快逃！不要像個笨蛋一樣，站在那邊繼續挨打。

爲什麼孔子會這樣說？事情要從曾參幫了家裡一個倒忙開始。原來，他某天在耕種瓜田時，不小心破壞了瓜苗，曾參他老爸站在他背後，非常火，順手抓起旁邊一根大木棒瘋狂敲他的背，直到曾參倒地昏迷爲止。

誇張的是，曾參醒來後，還笑著爬起來問老爸：「是我不好，打我有沒有弄痛您的手？」接著回到房間彈琴，準備用優雅舒緩的琴聲，表達自己的心情平靜與身體健康。

曾子是被虐體質嗎？

孔子知道後也這樣懷疑，便生氣地向其他學生說：「**參來，勿內。**」別讓這種壞孩子進教室。但曾參覺得自己明明盡了孝道，老師是不是搞錯了什麼？決心要問出個所以然，於是請託別人幫忙問孔子生氣的原因。

然後，孔子先說了舜和他父親相處的故事：若是父親要舜幫忙，舜一定在；而父親計畫殺掉舜時，舜一定逃跑。這不知道什麼可怕的家庭倫理關係，但孔子強調：舜的做法顧全了「孝」與「義」。同樣的，曾參被打得這麼慘，還不知道逃跑；萬一不幸被打死，害自己老爸犯下殺人罪，豈不是更糟糕嗎？

「不，只要被打，都很糟糕。」如果我是曾參，絕對會這樣反駁；曾參聽完後，卻說了一句：**「參罪大矣！」**便恭敬地向孔子認錯。

好了，按照孔子的看法，建議是：你可以打孩子，但孩子也可以跑。

反對暴力的，厭世國文老師

弟弟對媽媽態度不好

Asking Johnny

親愛的厭世國文老師：

弟弟是家中唯一的男丁，所以媽媽對他特別好，不但從小零用錢就比我多，房間也比我大，就算考試成績爛也沒關係。可能是這個緣故，弟弟對媽媽態度很差。雖然我知道他本性不壞，可是聽到他在那邊大小聲，真的讓我很生氣耶！

——灰姑娘姊姊

親愛的灰姑娘姊姊：

看起來，孩子離父母的愛越近，父母越會放棄管教的權力。

修正孩子的錯誤，似乎不再是家長的使命，除了忽視已發生的錯誤之外，同時還製造出更多新的錯誤。他們不斷強調對子女的包容與關愛，反而遮蔽了親情中某個重要的部分，誤以爲包容和縱容是同一個東西，關愛與溺愛是同一個東西。

由於缺乏父母的引導，你弟弟忘記了該如何表現出愛與尊重，或者說，完全不知道正確與父母相處的方式。關於這個問題，孔子強調，對待父母應該要能「和顏悅色」。

事實上，和顏悅色地對待父母是件困難的事情。

不知道是不是孔子的學生在家態度也很差，如同暑假在家「不小心」學壞的高中生一樣，完全忘記規律生活與積極學習，使得身爲老師的孔子，必須不斷給予愛的叮嚀。

子夏曾問孔子什麼是「孝」，孔子做出這樣的回答：**「色難。有事弟子服其勞，有酒食先生饌，曾是以爲孝乎？」**如果幫忙做家事、請家人吃飯，但臉上沒有微笑、說話沒有輕聲細語，無論付出再多，也只是徒增更多NG行爲，並無法符合孔子對於「孝」的標準。

既要你的人，也要你的心。

如果只有肉體勞動，卻沒有以態度上的良好表示內在的眞誠，反而會距離「孝」越來越遠。

我們不可能以心靈感應做爲溝通，仍需要以外部感官評斷並推測對方眞實的想法。反過來說也是一樣，若想準確地將自己眞實的想法傳遞出去，必然需要透過表情與聲音的輔助，以此做爲延伸的橋梁，讓對方得以觸及自己的內在情感，不會走上錯誤的道路。

因此，你對於弟弟的看法沒有錯，他必須修正差勁的態度，並扮演好家庭裡的某個角色。但令他難以改變的原因是：確認自我的開關在他手中，沒有人可以爲其許下承諾，甚至做出任何行動。

你可以不斷提醒，但也要接受不斷的失望。

別忘了，你也是父母的子女。或許別太期待弟弟，你現在就可以是個好孩子。

很乖的，厭世國文老師

房子該買在哪裡好？

Asking Johnny

親愛的厭世國文老師：

我和老公討論要換一間大一點的房子，未來也有生小孩的規畫。各種預售屋、新成屋、中古屋，甚至連老公寓都看過了，最後列入考慮的選項有三個，分別是位於捷運站、學校附近的大樓，還有一間距離公司只要走路十分鐘。請問我該怎麼選擇？

——三十年房奴

親愛的三十年房奴：

一切事物都與人有關，不論遷移到什麼地方，我們始終與人們連結在一起。

你現在有三個很棒的選項。住在捷運旁邊，不論出門上班或休閒都非常便利；學校則是未來有機會方便小孩就讀；至於只要十分鐘就能抵達公司，根本就是每天賴床晚起的上班族福音。

不過，我們要記得：一切事物都與人有關。搬到新環境對你的意義非常重大，代表你必須融入原本不熟悉的場域，嘗試成為其中的一分子，而且沒有人能不受環境影響。那麼，《論語．里仁》的這段話，可以做爲你選擇的基礎原則：**「里，仁爲美，擇不處仁，焉得知！」**

在孔子心中，搬家最佳的地點就是此處要有「仁」，係指社會系統具備良好的道德、行爲、規範，以及人與人之間的互動。

如果計畫買房，那必定得根據鄰居素質、市容風貌，還有治安風氣，做爲選擇建案的標準；最好是靠近學校、圖書館、美術館，或是文化中心等，這些設施比較有機會呈現孔子認可的社會系統：正向且穩定。

因此，對孔子來說，買房根本不需要過度考慮交通的便利性，甚至連房價都不應該列爲參考選項，因爲出遊和上班節省的時間，遠比不上安穩和諧的社區。若是沒有這樣做的話，就無法成爲一個聰明購屋的消費者。

你依然可以按目前三個選項進行評估，重點可能要畫在其他的地方：在教育、藝術、人文、科學幾個關鍵字上拿螢光筆用力塗上記號，然後找出最能意味道德進步意義的場域——如果眞有這種地方的話。

所以我的建議是，學校周圍的房子都不錯，就算無法眞的親近知識、陶冶品格，至少隨著學校學生努力讀書，未來房價還有機會變得高一點；如果你不喜歡那房子的話，可以再賣個好價錢。

為了貓買房的，厭世國文老師

沉迷於漫畫的中年弟弟

Asking Johnny

親愛的厭世國文老師：

《進擊的巨人》是日本漫畫家諫山創的漫畫，我弟非常沉迷於這部作品，上次還看到他咬自己的手掌，說要變成巨人。我很擔心他的腦袋，畢竟他已經三十九歲了，請問我該怎麼做？

——里維．阿卡曼

親愛的里維．阿卡曼：

漫畫的魅力不是可以輕易抵抗的。我們無法阻止小孩或成人去讀漫畫，也無法阻止他們進入前所未見的世界裡，甚至成爲那個世界的其中一員。

如果你擔心的是弟弟分不清楚現實與虛構的差別、認爲世界上有巨人存在，那麼請放心，孔子也相信有巨人。

事情是這樣的：當時吳國曾在會稽山獲得一項戰利品——好大的骨頭，而且大到需要用一輛車進行運送。這讓吳王感到十分好奇，於是趁著派遣使者到魯國進行政治外交的機會，希望在不說明事情原委的前提下，從孔子身上知道正確答案。

「敢問骨何如爲大？」

宴席上，吳國使者一邊用筷子夾起排骨，一邊問孔子；看似由此聯想到有趣的問題，實則輕巧地隱藏自己的眞實意圖：「快告訴我那根大骨頭是啥鬼？」

孔子沒多想，立刻回答：「防風氏的骨頭。」接著再幫吳國使者科普一番。原來防風氏爲四方神祇之一，當年曾參加大禹召開的會稽山大會，但因爲沒有準時抵達大會現場，於是「**禹殺而戮之，其骨專車焉**」，意思是防風氏被大禹殺死，光是他的一節骨骸，就要用一輛車專門運送。孔子的說法正與吳國發現大骨頭的地點與規模完全吻合；但只不過因爲遲到就被殺，換成我學生都不知道要死幾次了。

關於防風氏的說法，吳國使者似乎從沒聽過，又追問孔子三個問題：

「神是做什麼的？」

「防風氏是誰？」

「最高的人有多高？」

這些聽起來很像影音頻道《老高與小茉》會提到的內容，但孔子不是老高，他不會把故事講到一半，然後說：「關於最高的人有多高，我下次會再做一集說明。」孔子迅速地回覆，並且將人物與事件、過去與現在，以及傳說與歷史，詳細地說明清楚。

所以你別擔心弟弟，相信有巨人不是壞事，壞事是被剝奪想像力與創造力。他遲早會明白，再怎麼樣不受拘束地思考，依舊要回歸有所限制的現實；就像如果孔子再多活個一、兩千年，他應該會知道那根大骨頭更可能是恐龍的骨骼。

提到漫畫。高一那年，數學老師沒收我的一本漫畫，那是尾田榮一郎的《海賊王》，當時書名還沒因版權問題改成《航海王》。在這邊說一下，都過了這麼多年，可以還我了嗎？

獻出心臟的，厭世國文老師

該不該出國讀書？

Asking Johnny

親愛的厭世國文老師：

小弟我讀完國內的大學，正準備去美國攻讀碩士。語言和經濟能力沒太大問題，也相信自己可以適應新環境，感覺一切都很好。請問我還有什麼沒考慮到的呢？

——萌其·D·魯蛇

親愛的萌其·D·魯蛇：

假如要我考慮的話，很簡單，大家最容易忽略的就是自己的父母。是的，很多學生覺得父母正值壯年、工作穩定、生活正常，就跟頭頂上的太陽一樣，只要願意，隨時可以看得到，似乎永遠不用擔心太陽不會從東邊升起。

孔子說：「**父母在，不遠遊。遊必有方。**」子女與父母之間必須維持緊密的關係，不能輕易離開彼此。某種意義上，父母是站在紅土丘上的投手，不斷牽制想往遠方跑去的子女。

「不要跑太遠！」這句從幼兒園就開始時常聽到的叮嚀，會一路無限延伸到成年之後，直到父母不在人世爲止。當然，孔子爲此加了一條但書：

「要有理由。」

什麼理由才可以離開父母身邊？這個問題實際上隱含著期待，期待子女的每一次旅行都是不得不的決定；畢竟孔子希望子女體貼父母，而父母的確需要子女的照顧。

《禮記》也有類似的說法：

「夫爲人子者，出必告，反必面，所游必有常，所習必有業。」

以前沒有社群媒體的打卡功能，家人無法得知與更新你的動態，必須隨時報備自己的去向，不要出門像丟掉，回家像撿到——雖然我覺得「出必告，反必面」更像是飯店的辦理入住／退房手續。

即使身處再安全的空間，父母仍永遠覺得你活在墮落與危險的索多瑪城裡。《禮記》提供的行爲參考，蘊含著大量的感性計算，讓彼此能在身體與情感上產生更多連結的機會。

「遊必有方」的重要性在於，它或多或少可以緩和最在意子女的父母情緒，或是適應習以爲常的生活模式出現改變。

「父母在，不遠遊」的說法，使得待在家裡照顧父母的子女或家庭成員，陪伴的時間遠超出現代人認同的正常狀況，而這是很不切實際的期待。我們不可能放棄自己的生活與未來，把全世界都拋擲在遙遠的天邊，只爲了留在父母身邊做個好孩子。

儘管如此，仍不表示你就可以忽略父母的心情。當你準備出國留學時，或許可以將父母的身體與心理狀況納入考量；在他們面對子女離家後的空巢期時，你也該做好準備，協助他們轉換心態、調整生活，並重新建立安全感。

你應該在乎父母比自己更多，不能只有想到你自己。

十點前回家的，厭世國文老師

親人過世，心好痛

Asking Johnny

親愛的厭世國文老師：

四月一日愚人節，父親過世了。我多希望這是一個玩笑。整個家變得都不一樣，彷彿所有的光都被吸入黑洞。我每天幾乎都哭著醒來，清醒的時候，也老是想到：原來我真的沒有爸爸了。好難過，不知道該怎麼走出來？

——淚珠花花

親愛的淚珠花花：

身爲子女，我們與父母之間的關係無法重新再複製。我們並非不知道每一個人都是獨一無二的存在，但即使朋友絕交、夫妻離婚、子女疏遠，仍有締結另外一段類似關係的機會：交一個新朋友、換一個新的伴侶，甚至多生一個小孩。

然而一旦父母離開人世，就代表這段關係正式結束，不可能找到其他人做爲替代，因爲這一條名喚「血緣」的獨特河道，僅能順著時間向下開展，沒辦法逆流而上。

在孔子那個時代，父母過世後，要爲他們守喪三年——係指拒絕會讓自己感到快樂的所有事情，包括居住、飲食、服裝，以及日常的人際互動，生活必須變得緩慢與靜止；畢竟，一個失去父母的人，怎麼會有活力與笑容？

在《論語．陽貨》裡，喜歡辯論的學生宰我對孔子提出不同意見，批評這種三年之喪的限制，會造成社會運作停擺，嚴重影響正常的生活作息。孔子反問：「父母過世，你還能擁有快樂嗎？」宰我立刻點頭說可以。

「女安則爲之！」孔子告訴宰我，你若是心安，那就這樣做沒關係，似乎沒想在這個議題上多解釋些什麼，只是覺得不可思議：父母過世之後，一般人吃東西時，應該會覺得不好吃；聽音樂時，也應該會覺得不好聽。再好的享受都無法取悅傷心的自己，所以不會想接近能帶來愉快的事物。

宰我搞錯了。不是爲了表達悲傷才故意遠離快樂，而是悲傷的人即使接近快樂，依舊感到悲傷，或更悲傷——因爲思念與遺憾。

你失去父親，覺得世界被死亡扭轉成另外一個模樣，既陌生又熟悉。每一個空間都有父親的影子，每一次聚餐和旅行都想著：如果父親還能一起來該有多好。

宰我不能理解這種感受；或者說，他比較堅強，但我們很難像他那樣若無其事地活著。等到宰我離開後，孔子轉頭向其他的學生說：「**予也，有三年之愛於其父母乎？**」覺得宰我是不是沒被父母愛過？聽起來有點嘲諷，像是在責備他的忘恩負義；再怎麼樣，子女也受過被父母抱在懷中的呵護，時間至少三年，守三年之喪又有什麼大不了？

然而，我覺得孔子不是嘲諷，更不是責備，而是一種心疼——父母給的愛不夠多，多到能讓宰我知道被愛的美好。

曾經被愛過的你，不用強迫自己從悲傷中走出來，繼續待在黑暗之中也沒有什麼不好——如果你因此感到比較自在的話。但要記得：悲傷要有保存期限。

孔子認爲三年就好，你也可以試著這樣思考，爲自己訂下一個難過的期限。這不是爲了限制你的快樂，而是爲了保護你將來還能獲得快樂。

愛哭的，厭世國文老師

媽媽怎麼年紀越大越難搞？

Asking Johnny

親愛的厭世國文老師：

不知道為什麼，我的母親年紀越大，變得越難溝通。上次想帶她去烏來泡溫泉，結果她一直說不要，後來只得帶父親一人出門，但她反而自己待在家裡生氣。像這樣的老人到底是怎麼了？

——微抱怨女兒

親愛的微抱怨女兒：

你何時會發現父母已經白髮蒼蒼、齒牙動搖？大概不是如氣象預報般規律地觀察，而是瞬間醒覺到他們不再年輕、不再有活力，一切都慢了下來。

你能注意到母親歲數的增長，也就應該能發現你的情緒不完全來自於溝通困難，而是知道衰老顯而易見地影響著自己關心的人。

孔子說：「**父母之年，不可不知也。一則以喜，一則以懼。**」因爲知道他們的年齡而感到恐懼，但同時也會感到喜悅。爲何會感到恐懼與喜悅？孔安國如此解釋：

「**見其壽考則喜；見其衰老則懼。**」

既高興父母長壽健康，也害怕他們隨時會離去。因此，血緣的連結是一條無限延伸的繩索，將彼此懸吊在半空中，時間砝碼不斷往身上疊加，當子女看見父母緩緩下沉時，都擔心這一次的搖搖欲墜，是不是會眞的斷開彼此的聯繫。反過來說，父母對於子女也有著同等重量的擔心。《禮記》提到：

「**父母在，不稱老。**」

就像前面的解釋，年齡對血緣的關係有其強度上限，不能超過生命可堪承受的重量；子女的歲數增加即是尖銳的警示，預告父母正無限接近死亡的邊緣。所以，下次要是看見有人在社群媒體發文：

「我是老妹了。」

「社團老人跟大家問好。」

「老到不能夜唱。」

你可以在文章底下留言：

「想想你父母。」

你老，父母更老；你累，父母更累。比起擔心自己，更應該把心思放在父母身上。只是，《禮記》那段話說不定還有另外的解釋：

「你說自己老，父母會擔心你。」

時間是全世界共同的敵人，沒有誰可以避免。既然血緣關係把彼此牽連在一起，那麼心裡的牽掛也會在一起。

因此，儘管你想知道年邁的母親爲何那樣難搞，但或許最先該記在心裡的是：

我們都在變老，所以都有一樣的害怕。

長大的，厭世國文老師

我聽爸媽的話，但兒子不聽我的話

Asking Johnny

親愛的厭世國文老師：

已經四十五歲的我，從小就不願意讓爸媽失望，努力考上好大學、找份好工作、娶個好老婆；沒想到兩個兒子上了國中後，卻越來越不聽我的話。現在的年輕人是不是都不知道什麼叫「孝順」？

——地方爸爸

親愛的地方爸爸：

我試著在腦海裡搜尋那些孔子說過的話——孝順根本不是他的意思。整部《論語》裡，出現的都是「孝」字，而不是「孝順」。所謂的順從，係後代附加上去的條件，唯一比較接近你認爲的說法，是孟懿子向孔子問孝時，得到孔子以下的回應：「無違。」

由於「無違」一詞容易讓人解釋成「順從」，進而產生「孔子認爲子女必須乖乖聽從父母」的誤解——千萬不可違背父母的指示，不管這個指示有多愚蠢或反社會，你也必須使命必達。

事實上，在孔子與孟懿子結束對話之後，身兼孔子司機的學生樊遲，忍不住爲大家做了確認：「老師，什麼是無違？」盡可能想完整理解這段話的前提與結論，不像我的學生上課時，總是裝成一副自己懂的模樣。

孔子補充：「**生事之以禮；死葬之以禮，祭之以禮。**」關於父母的生與死，皆要能依照禮儀的準則，逐一達成各項目標。換言之，這裡的「無違」是指不能違背禮儀，而非不能違背父母。

嚴格一點來說，父母如果具備正當的理由，可以要求子女聽從自己的意見，但依舊不能違背那些被寫在禮儀準則上的文字。這一點難免讓人覺得孔子有點不近人情。

當我們翻開《禮記》這本記錄當時生活規範的書，可以發現，裡面所記載的禮儀，大多仍是以父母的角度來約束子女行動。按照《禮記》的敘述，子女照顧父母是一項繁瑣的任務：

「有命之，應唯敬對。進退周旋愼齊，升降出入揖游，不敢噦噫、嚏咳、欠伸、跛倚、睇視，不敢唾洟；寒不敢襲，癢不敢搔；不有敬事，不敢袒裼，不涉不撅，褻衣衾不見裡。」

這段文字流露出來的期望，彷彿是在建設一座理想的長照機構，並以血緣做爲運行的主要條件。除了基本的禮儀之外，還有各種名爲「體貼」、實際讀做「龜毛」的小心謹愼：任何讓父母視覺、聽覺，甚至感覺不舒服的事情，子女都不能做。只要父母在旁邊，我想赤裸上身、穿著內褲在客廳走來走去都是不行的；更別提打哈欠、打噴嚏、流口水、單腳站（？）、斜眼看……日常生活所有醜陋的行爲，都將成爲對父母的冒犯。

換成現在的我，光是站在父母旁邊，就嚴重違背《禮記》的規範，畢竟我已經習慣邋遢模樣很久了。而這還只是生活態度上的要求，裡面更提到要幫父母擦口水、洗衣服、縫衣服，還要幫忙洗頭、洗臉、洗腳、洗身體。光是想起以上這些就覺得尷尬；相較於勞動的辛苦，更害羞的是與父母肢體上的接觸。

雖然，不能違背禮與不能違背父母之間無法畫上等號，可是它們有很大的部分是相互重疊的。

至於你的抱怨，與其想讓孩子無條件聽話，不如彼此做個約定，然後共同遵守。

你應該還不需要兒子幫你擦口水吧？

叛逆的，厭世國文老師

媽媽和老婆要救誰？

Asking Johnny

親愛的厭世國文老師：

人生有些二選一難題，像是愛情和麵包哪一個重要？大便味的咖哩，和咖哩味的大便，要吃哪一個？但我比較想知道，媽媽和老婆掉進水裡時，應該要先救誰？

——放不下的放翁

親愛的放不下的放翁：

《紅樓夢》第二十八回，賈寶玉爲了討好林黛玉，告訴她：「**除了老太太，老爺，太太這三個人，第四個就是妹妹了。**」依照重要程度的順序，黛玉妹妹排第四名。這位富家公子倒是誠實，沒有說什麼「妳是我心中的唯一」，而心思細膩的愛哭鬼也接受對方的答案，不會大喊：「我不聽……我不聽……」

如果換成現代的情境，大概會被冷回：「好啊！你去跟老太太結婚好了。」

孔子講究家庭，認爲這是個人道德修養的起始點，這從他學生有子的說法可以得知：「君子務本，本立而道生。孝弟也者，其爲仁之本與！」做一個好人，要先從基礎的地方做起，接著才是關心其他場域。

普通，基本，任何人都可以做到的事情，就是「孝弟」二字——關心父母兄弟。不管是什麼樣的人，不論高矮胖瘦美醜長幼，家庭結構都差不多，所以我們必須把眼光放在最近的位置，也就是生活在一起的家人。再從對待家人的原則，向外拓展與遷移到其他的社會關係網絡，可能是學校、公司，或日常生活遇到的任何人。

也就是說，賈寶玉的說法正是孔子的立場，以家人爲第一優先；而家人的定義在那個時代裡，係用血緣做爲聯繫與確認，不管遇到什麼狀況，都應該先從血緣的有無做爲行動的判準。既然老婆與自己是藉由婚姻締結關係，重要程度自然會被排序在祖父母、父母之後。

所以當媽媽和老婆掉進水裡，先不問她們感情有沒有好到可以一起出遊，又或者眞的那麼倒楣同時遇到危險，根據孔子的價值觀，你應該先救媽媽，否則你未來將無法繼續堅守自己設立的道德原則。

同理，性別對調也是一樣。

不過，你可能會喜歡這樣的說法：「老婆是自己選的，媽媽又不是。如果她們同時掉進水裡，先救老婆吧！」

先救貓的，厭世國文老師

參
生活有點累

餐廳的 Google
評論可信嗎？

眾惡之，必察焉；
眾好之，必察焉。

拍照修圖有很過分嗎？

Asking Johnny

親愛的厭世國文老師：

只要是上傳到社群媒體的照片，我一定都會修圖，而且我也喜歡自己修圖後的照片，這樣應該也是一種「做自己」的表現吧！還是你覺得必須要用素顏照片示人才可以呢？

——凶狠小麻糬

親愛的凶狠小麻糬：

坦承喜歡修圖的確是做自己沒錯，但更誠實的做法會是在照片底下一一標註修圖位置、使用的濾鏡及特效。

那麼素顏會不會勝過修圖後的自己呢？若是以「做自己」爲前提，兩者並沒有太大差別，無論素顏或修圖，其實都是個人意志的選擇，當然可以視爲「做自己」。

至於在網路上追蹤你、期待你上傳美照的人們，是不是也喜歡你的素顏勝過修圖，這就不得而知了。

不過，孔子應該會鼓勵你多注意自己沒化妝時的面容，再來考慮是不是眞的需要修圖。

《詩經．衛風．碩人》有**「巧笑倩兮，美目盼兮」**的詩句，孔子的學生子夏便以此提出疑問：「美女素顏要不要化妝？」

笑容甜美、眼神誘人，一看就讓人覺得「戀愛了」的超級正妹，口紅、眼影，以及各種美妝產品，在她身上似乎沒有使用的意義；除了浪費資源之外，說不定還會造成不好的影響，畢竟化妝也是要講究技巧的，萬一技巧太差，豈不是弄巧成拙？

討論《詩經》竟然可以延伸到美女化妝上，可見子夏已經具備了連結文學與生活的能力。關於這個問題，孔子的回應是：**「繪事後素。」**歷來學者針對此句有各種解釋，以比較容易理解的說法來看，指的是繪畫時，要先塗上白色爲底，再開始添加其他顏色。

孔子認爲美女的氣質好、五官好，再使用各種彩妝產品的話，美貌值和魅力值都會提升到更高的層次。但不知道爲什麼，子夏又把話題轉向到人格修養之上，覺得禮儀就和彩妝產品一樣，都必須以良好的本質為基礎。

從《詩經》談到美女，從美女聊到化妝，再從化妝理解禮儀的意義，孔子和學生聊天內容的變換之迅速，一般人可能有點難以跟上。

總之，從這段對話可以知道，你若是喜歡自己的素顏，修圖就是加分；如果對自己的素顏感到不滿意，修圖就容易成為一種偽裝，反而不利於獨立人格的成長與展現。

多愛自己平常的臉孔，再思考如何可以更接近理想的模樣。

不過，如果以追蹤人數的多寡為考量，虛假的外表似乎比較有可能達成目標；你也可以期待大家都修圖，屆時素顏將成為最吸引人的賣點。

自拍的，厭世國文老師

網路筆戰戰起來！

Asking Johnny

親愛的厭世國文老師：

在網路上，只要我看到自己不認同的發文或留言，就會覺得對方是無知酸民，忍不住要和他們筆戰一輪。你覺得這樣做好不好？

——不服來戰

親愛的不服來戰：

坦白說，在我看來，什麼「網路酸民的言論到底要怎麼看待」和「必須說服對方認同自己看法」這種東西已經不適合我，畢竟我的年紀早就大到看待任何紛爭與衝突，都跟吃飯睡覺一樣平常——好啦！可能也沒這麼平常，但至少不會覺得有什麼好意外的。

我盡可能不去想說服別人，也希望別人不要來說服自己。

人們在網路來來去去，在這裡和那裡留下文字。

《論語》裡提及「子貢方人」，意思是孔子的學生子貢喜歡批評人物的好壞、比較彼此的優劣。若他活在現代社會裡，一定可以在社群媒體的各個角落發現他的足跡。

只要有人在網路上說了些什麼，子貢就無法忍受不對這個人說點什麼，而且通常還是比較難聽的話。

關於這樣的人格特質，孔子如此評論：「賜也賢乎哉！夫我則不暇。」子貢複姓端木，名賜，而這句話的翻譯是「子貢眞優秀，我就沒這種時間」。似乎無法單純從文字上確認，孔子到底是希望自己也能有時間批評別人，還是覺得應該把時間投注在批評別人以外的事？

大多數人相信，孔子是在微諷子貢；就像你若聽到「啊不就好棒棒」，通常都不是讚美，而是本來打算對你說些什麼，但想想還是算了，卻又忍不住丟下一句看似正面的話語，背後意思其實是希望你能自己意識到問題的癥結處。

批評別人的錯誤並沒有不正確，也沒有不可以，但那是排序非常後面的事情。在此之前，更重要的到底是什麼？孔子沒有說出來，子貢也沒有表現出來，但我們或許可以猜測，相對於批評他人，更有意義與價值的是反省自己。

當然，從別人身上可以看見自己的欠缺與盼望，成爲勉勵與警惕的借鏡，但你可以不用成爲那個「別人」，提醒對方的錯誤。畢竟，那些你以爲的網路酸民，通常不太可能會因爲你的發文留言，進而成爲更好的人。時間就應該浪費在美好的事物之上，例如你自己。

我試著猜測你的網路筆戰，是爲了澄清價值與信念，而不是企圖激怒你討厭的網路使用者；若是後者，未免太悲哀了。

時間浪費在貓身上的，厭世國文老師

追蹤網美好嗎？

Asking Johnny

親愛的厭世國文老師：

上次看到你在社群平臺上寫，自己喜歡追蹤網美。想請問：如果是孔子，會認同追蹤網美嗎？

——好奇的粉絲

親愛的好奇的粉絲：

直球回應你的問題，答案是：孔子不會反對追蹤網美。

不知道你是否記得高中課文〈大同與小康〉？這篇出自《禮記．禮運》的文章，主要係以孔子和子游的對話，概述大同與小康兩種不同的社會制度。但你以爲這篇文章只有課文裡那樣嗎？不，後面還有一大段孔子對「禮」的解釋說明，並附上更多政治文化相關的論述。

《禮記》這部文獻資料，可說是孔門弟子的讀書學習筆記，偶爾還參雜學習心得，原本有一百三十一篇，後來才經過漢儒整理成現在的模樣，主要做為上課教材使用。

既然源出相同的思想體系，孔子應當會同意這段文字敘述：「**飲食男女，人之大欲存焉。**」人的內在欲望有兩項追求目標：吃和性。

所以，追蹤美食與美女帥哥的社群媒體帳號，是再正常不過的事情。只要我看到比特啾啾、林襄或是施菲亞的照片，肯定立刻按一顆愛心，並妥善使用珍藏功能。

孔子大概不會因此給我什麼「噁心臭宅」的評語，而是承認人類自然情感的存在——厭世國文老師追蹤網美，正是人類自然情感的一種表現。

但是，這樣的表現必須以「禮」做爲限制，透過教育與文化的引導，讓人們做出適宜的行動。

因爲欲望是眞實的、隱藏的、積極的，過度順從內在的原始力量，會造成他人的不舒服，「禮」能夠將直接的心理情感調節成舒適的行爲舉止。

追蹤網美當然可以，但任何留言與私訊都不能過度直率坦白，以免自己的行爲造成對方不舒服。錯誤的示範網路上已經有很多，應該不用我再舉例才是。

若還是有人眞的不明白，依舊覺得直率坦白是個不錯的優點，那或許該仔細思考：網路到底對你做了什麼？中華民國的家庭和學校教育，竟然無法幫助你分別「直率坦白」和「直接白目」的差別。

唯有知道禮儀，才能確定自己站立的位置是否合適，並避免超越那一條人際關係的紅線。

是的，我追蹤網美，而不是知識型網紅，爲什麼？畢竟需要知識的話，我會去看論文。

有禮貌的，厭世國文老師

早餐決定中

Q Asking Johnny

親愛的厭世國文老師：

我有早餐選擇困難症，每天早上都會站在早餐店想很久，不知道到底要吃蛋餅、漢堡，還是鐵板麵？就算選了鐵板麵，又會開始想要黑胡椒、蘑菇，還是綜合口味。請問該如何才能快速決定吃什麼？

——夜路走多了總匯三明治

親愛的夜路走多了總匯三明治：

在臺灣的早餐店，只要看到那一大張有著各式餐點的菜單，拿起紅筆的手就會不知道該落在哪些欄位。考卷上最多不過就是五個選項，但早餐店往往超過五十種餐點可供選擇，這還不包括飲料和點心的部分。

如果你會想很多才決定早餐吃什麼，那建議你想兩次就好。在孔子出生之前，有一位魯國大夫季文子，每次遇到需要選擇的時刻，總是在腦袋裡進行無數次沙盤推演，直到確信自己可以贏得勝利獎盃。

這大概是季文子廣爲人知的習慣，講好聽點是思慮周全，講難聽點則是機關算盡。我們常聽到的「三思而後行」其實並非孔子所說，而是出自季文子的決策模式。這種決策模式成爲後人學習的對象，畢竟事情想多一點，似乎比較能接受最終的結果。

但孔子不贊成季文子的「三思」做法，他對學生們強調：「再，斯可矣。」事情多想一次就可以了，不需要花費太多時間明辨各選項的優點和缺點，而是應該精簡思考流程，甚至憑藉直覺做出決定。

如果季文子和孔子同時在早餐店點餐，排在前面的季文子會開始猶豫要吃什麼才好：覺得卡啦雞腿堡不錯，但又想換成三明治；然後發現最近有點變胖，還是改成單點起司蛋餅好了；不過，天氣有點熱，該不該加點一杯冰紅茶呢？大杯、中杯，還是小杯？

等待在隊伍後方的孔子，一定會大聲說：「嘿，你想兩次就好。」

今天吃三明治還是蛋餅？三明治，什麼口味？豬肉三明治，謝謝。以上會是孔子的點餐流程，迅速而確實，且不會造成後面排隊人群的困擾。

在我心中，孔子所謂的「想兩次」，可能是預先設定考慮的範圍，於有限的選項裡一一保留或刪除，再開始實際行動與控制進度。

或許，孔子想討論的不是政治商業上的權衡利弊，而是想說明道德行動是一種直覺，必須即刻做出判斷；一旦你思考太長時間，反倒會變成追求並確保個人利益。

慶幸的是，你只是想快速做決定，而不是找到最好吃的早餐。只要往後看一下趕著上班上課的排隊人潮，他們那種不耐煩又透露出「你很愚蠢」的眼神，相信可以幫助你：點餐、付錢、離開。

被早餐店阿姨叫帥哥的，厭世國文老師

餐廳的 Google 評論真的準嗎？

Asking Johnny

親愛的厭世國文老師：

選餐廳前，應該要看 Google 評價嗎？但有些感覺不是很公正，畢竟有什麼「五星換小菜」的活動，或是給予其他優惠以換取顧客的五星好評。這麼說來，這樣好像還是不太準確，一樣會踩到雷店。

——咻咻愛吃鬼

親愛的咻咻愛吃鬼：

除非情況特殊，不然就沒去過的餐廳而言，上網瀏覽相關的 Google 評論，可以幫助你確認是否該踏進餐廳大門。

Google 評論成了一種誘惑，蒐集越多星星的餐廳，越能發出吸引人的光亮；而我們也會願意相信集體的意見，就像跟隨吹笛人前進的孩子。

吃頓飯，要做的功課似乎比考試前還多。

在網路世界，你可以迅速搜尋與探索理想的餐廳、選擇擁有最多星星和好評的店家，並獲得期待的美食與服務。但孔子會建議你：「眾惡之，必察焉；眾好之，必察焉。」越是盡力做到獨立思考與觀察，就越有可能忽視那些多數人的評價，推論出屬於自己眞正需要的資訊，因爲網路上的評價有可能被證明是虛構或錯誤的。

很多人討厭的，你要懷疑、研究，再下結論；相反的，很多人喜歡的，也該比照辦理。

如果你想以 Google 評論做爲參考指標，那麼不能只看星星數目、熱門主題，或是評論。

面對高分、熱門、佳評如潮的餐廳，除了觀看最高分的網友留言外，還要再點擊最低分的部分，想想自己是否能接受這些負面評論；好比有些人在意餐點的美味程度，有些人強調環境的舒適與整潔，但也有些人非要店員的微笑不可。

要是擔心錯過隱藏的好店，那麼當你發現這間餐廳 Google 評論分數低到令人難堪時，至少應該給它一個機會。閱讀一下給予最高分的留言，說不定會得到意外的驚喜，或是驚嚇。

一旦我們考慮到爲什麼這家店有五顆星、那家店只有三顆星時，就不會只是輕率地相信看見的數字，而是要尋找證據、證明眞僞，最後保留謹愼的答案。

若你無條件接受Google評論，好的就一起說好，壞的就一起說壞，那麼你只是單純地在玩比大小的遊戲，保持盲目的樂觀與不可預測的運氣，而不是眞的想要減少或消除風險——避免雷店、找出愛店。

偷偷問：你是否曾經爲了一盤小菜，幫店家打上名不符實的五星分數？如果有，那也別怪Google評論不準確，而是要難過誠實竟然只值一盤小菜。

做口碑的，厭世國文老師

在吃到飽餐廳如何選擇餐點？

Asking Johnny

親愛的厭世國文老師：

臺北有很多buffet吃到飽餐廳，我常不知道該吃什麼才好，而且常常沒吃幾道菜，肚子就被填飽，明明還有我最想吃的哈根達斯冰淇淋。請問在菜色豐富、選擇自由、無限供應的餐廳裡，什麼樣的吃法比較儒家？

——臺北飽脹男孩

親愛的臺北飽脹男孩：

你絕對不會想知道儒家的飲食指南手冊，並且遵循他們的方式選擇餐點——實在太麻煩了。

人性傾向於不受控制，但儒家設立了相關限制，會讓你吃不喜歡的東西，也不能吃喜歡的東西。若從《論語．鄉黨》的孔子飲食觀來看，你在吃到飽餐廳可以依十四項準則來選擇餐點。

一、**食不厭精**：「食」是飯的意思，要選擇精緻的白米飯，其他像是糙米和五穀米之類的，能不吃就不吃。

二、**膾不厭細**：「膾」是切細的肉條，如果看到肉條、火腿絲，你可以放心夾起來；至於炸雞翅、烤雞腿、豬肉片，絕對不要放在你的餐盤上。

三、**食饐而餲，魚餒而肉敗，不食**：腐臭的肉和魚類不能吃，我想你應該有聰明到可以分清楚腐壞和發酵的差別吧？

四、**色惡，不食**：食物顏色難看的，你也不能吃。

五、**臭惡，不食**：食物味道太臭的，同樣不能吃。很明顯，孔子擔心大家沒有那麼聰明，需要再次提醒如何辨識腐壞的食物。

六、**失飪，不食**：沒煮熟的不能吃，所以請跟生魚片說掰掰。

七、**不時，不食**：請吃些當季盛產的海鮮、水果，還有蔬菜吧！

八、**割不正，不食**：切割不方正的肉，你不能吃，火烤骰子牛是最佳選擇。

九、**不得其醬，不食**：醬料很重要，所以如果沒有糖醋醬，你就不能吃麥克雞塊，以此原則類推即可。

十、**肉雖多，不使勝食氣**：肉不能吃太多，要以白飯爲主。所以如果你在鍛鍊肌肉、想攝取大量蛋白質的話，只能喝乳清了。

十一、**惟酒無量，不及亂**：酒盡量喝，只要別醉倒、造成同行朋友困擾就好。

十二、**沽酒市脯不食**：不吃這家餐廳從別處訂購的食物。所以如果看到什麼知名品牌提供的點心、甜品，你是不能拿的，跟你最愛的哈根達斯說掰掰。

十三、**不撤薑食**：可以吃裡頭添加了薑的食物，像是薑絲炒大腸、薑汁燒肉、薑母鴨，但記得肉要切得方正喔！

十四、**不多食**：這是最後一條準則，完全適用於吃到飽形式的餐廳，意思是即使可以無限量取用，也要克制滿溢的食欲。

以上，是孔子的飲食地雷區與安全區，請參酌使用。

體脂肪超標的，厭世國文老師

室友不打掃

Asking Johnny

親愛的厭世國文老師：

我和三個好朋友同租一層公寓，共用同一間廁所和廚房。其中有個朋友的生活習慣不太好：洗完澡不清排水孔的頭髮、衛生紙用完不主動補齊，偶爾還會偷喝我放在冰箱裡的飲料。請問我該怎麼面對這樣的人？

——潔癖女子小芬芳

親愛的潔癖女子小芬芳：

首先需要確認的是：你們眞的是好朋友嗎？如果是，那完全可以直接告訴對方，你在意的生活規範與居住品質。

提供你兩種做法！

話說，孔子有個好朋友——原壤，他是大家公認的怪咖。

原壤的怪，在於不把世俗規範當成一回事。像是他的母親過世時，身爲好友的孔子幫忙整理棺木，結果卻聽到原壤敲著棺木唱起即興歌曲，內容大概是讚美這個裝死人的東西，花樣和品質實在太棒了，眞想握住孔子的手說聲「謝謝」。

家有喪事，原壤竟然還有心情作曲唱歌，而且內容完全感受不到半點哀傷，只差沒有對孔子手比愛心。

旁邊的人心想：孔子不是老在強調禮儀的重要，這個原壤完全不符合孔子的期待，他是不是應該趁此機會教育一下對方？

「抱歉，我沒辦法。」孔子雙手一攤，表示對原壤無可奈何，誰教他是自己的好朋友呢！（「**沉故舊乎？**」）

所以，如果你的室友眞是好朋友，那不妨遵照孔子對待原壤的方式，默默幫忙打掃浴室、補上衛生紙，然後放幾罐飲料在冰箱，並在心中默念三遍：「誰教他是我朋友。」

以上是第一種做法。

接下來，提供你另一種處理方式。

原壤年輕的時候不是什麼守規矩的人，甚至連正常也稱不上；即使年紀增長，依舊率性地做出各種令人生氣的事情，孔子更是難以忍受這些行爲。

《論語・憲問》提到，有一次，原壤兩腿開開蹲坐在地上，彷彿街邊的不良少年。稱此時的原壤爲「不良老人」應該更合適，畢竟那種姿勢在當時是非常不禮貌的動作——其實現在也不太禮貌，你不會希望在捷運座位旁遇到這樣子的男人。

面對自己的好朋友，孔子也沒在跟你客氣，立刻罵了幾句：「**幼而不孫弟，長而無述焉，老而不死，是爲賊。**」然後用拐杖往原壤的小腿敲了幾下。

年輕廢就算了，長大還這麼廢，老了之後沒想到更廢，廢出新高度。孔子的意思大概就是這樣，覺得原壤眞是個社會亂源。

因此你應該可以拿起球棒，往那位製造髒亂的室友小腿上敲個幾下，然後罵：「當我家庭小精靈嗎？以前不愛乾淨，現在還偷喝我飲料，廢物耶你。」

再次確認，你們眞的是好朋友嗎？如果是，那嘗試一下第二種做法，我很想知道會發生什麼事。

有話好好說的，厭世國文老師

跟不該跟街賣者買口香糖？

Asking Johnny

親愛的厭世國文老師：

逛夜市的時候，路旁騎樓常會有老人或傷殘人士在賣玉蘭花或口香糖，看到的時候都會覺得心裡很難過，所以我每次都會掏錢買一些。有次朋友罵我說，那些都是騙人的，要我別浪費錢。請問我到底該怎麼做？

——心太軟

親愛的心太軟：

我們主動幫助別人並非爲了虛榮，也不是要被感謝；我們不是要成爲大慈善家，當然更不是爲了接受讚美或得到責備。

願意伸出援手，是爲了實現某種內在的道德良知。因爲在日常生活之中，我們需要別人的幫助，別人也需要我們的幫助，唯有彼此互相合作，才有可能維持穩定的社會關係。

你的問題在於擔心被騙，讓眞誠的付出變成毫無意義。多了一層的考慮當然不會是壞事，所以，你需要的是確認——知道到底發生什麼事。

建議你，拿出零錢或鈔票的時候，可以試著關心對方一下。像是孔子某次乘車出門，忽然聽到路邊有人在大哭，忍不住下車詢問原因：

「子非有喪，何哭之悲也？」

大哭的人名叫皋魚。從他的裝扮，孔子推測此人並不在服喪期間；但依照經驗得知，只有親人過世，才會發出如此哭聲。這可能引起孔子的注意與好奇：有什麼事情比親人過世還難過？

答案是後悔。

皋魚說了三件自己後悔的事：父母過世、好高騖遠，以及與朋友絕交，但他最悲傷的莫過於「**樹欲靜而風不止，子欲養而親不待也**」，無法追回已經逝去的時間，父母的死亡也是如此，從你生命裡澈底消失。

後來的發展有點戲劇性：皋魚說完話，便站在原地不動——死了。孔子藉此機會教育身邊的學生：「記住今天，警惕自己。」珍惜身邊的親人，他們總有一天會離開；在你不知道的時候。

當日，決定回家照顧雙親的學生有十三人。

擁有同情心，不代表你應該放棄好奇心。孔子會去關心自己想知道的人與事，因此你在買口香糖或玉蘭花之前，或許可以問問對方身體狀況，或他爲何如此辛苦地工作？有時候，你會得到自己想像以外的說法，從中領悟了從來沒有想過的道理。

此外，既然花了錢，也得到東西，就別想太多。難道你在便利商店買飲料時，會擔心店員是不是一個騙子嗎？

怕玉蘭花味道的，厭世國文老師

如何避免被詐騙？

Asking Johnny

親愛的厭世國文老師：

詐騙猖獗，之前我朋友被網路詐騙了好幾萬，因為他誤信提款機可以解除分期付款。最近也聽到很多被詐騙的案例，甚至還有人被拐賣到外國，到底要如何避免被詐騙呢？

——誠實豆沙包

親愛的誠實豆沙包：

我幾乎不會聽進任何電話裡傳來的資訊。造成我拒絕相信的原因就是因爲詐騙。念研究所時，我不過是買了包貓砂，卻被詐騙電話指引到提款機前按下一些按鍵，直到我發現不對勁時，距離匯款給對方也只剩一個步驟了。

我完全可以同情你朋友的遭遇，但是，只要一個人有想望，就註定會被詐騙成功。我們難以想像自己有辦法捨棄渴望與期盼，畢竟那就像魚鉤上的餌食，總是如此誘人。

《論語．雍也》記載了一則孔子與宰我之間的對話。向來喜歡批判性思考的宰我，提出了一個道德兩難的題目：好人會不會去救井底的另外一個好人？

如果救，好人就會讓自己陷入險境；如果不救，好人就不再是好人了。以上兩種行爲，不是蠢，那就是壞。終極二選一，老師你會怎麼選？

宰我似乎很喜歡挑戰老師的底線；或是說，他擅長找到思考的缺口，從此挖出另外一種可能性。孔子覺得宰我怎麼又來亂了，人生不是只有二選一：「**君子可逝也，不可陷也；可欺也，不可罔也。**」好人不是笨蛋，他們會注意現場狀況的不同，再據此做出最適當的決定。好人本身的確很容易被欺騙，想幫助人的念頭，常讓他們不自覺咬上魚鉤；但不代表好人應該缺乏常識，即使魚鉤不存在，也會自投羅網。

關於宰我的道德兩難題目，孔子認爲，眞正的好人具備善良與聰明，即使聽到有人落井，也不會「腦衝送頭」，熱血地浪費自己生命，而是謹愼地觀察與分析。即使發現被騙，也不會因爲自己的決定而後悔，下一次仍然願意做出正義且正確的行動。

換句話說，你根本不可能完全避免被詐騙，但仍應該保持人類的理性與邏輯，在可以辨識與處理的範圍之內，相信合理的一切，拒絕不合理的事物。像是「免經驗、學歷不拘，輕鬆月入四十萬」或「年輕正妹說自己有個臥病在床的媽媽，急需二十萬開刀」，甚至「阿富汗軍官準備與你結婚，會送你高價禮物，但需要補繳手續費」，你都應該有足夠的智慧告訴自己：絕對是詐騙。

令人悲觀的是，你無法從合乎邏輯的謊言中脫逃，因此即使被騙，也別怪自己，有時候只是對方太會說謊了。

小心翼翼的，厭世國文老師

濫用退貨服務的人也太過分了吧！

< > Asking Johnny

親愛的厭世國文老師：

我去逛某家美式大賣場，看見有人正在辦理退貨——是十二罐鮮奶。這家大賣場幾乎無條件接受顧客退貨沒錯，但這會不會太過分？根本是濫用制度，而且也會造成食物的浪費。

——路人甲

親愛的路人甲：

關於美式大賣場的無條件退貨，大家常抱持一個有趣的假設：沒有正當理由，不能使用退貨制度。其實，使用退貨制度，並不牽涉理由的正當或不正當，美式大賣場保障的是會員權益，並非檢查會員誠信，所以即使退貨理由再荒謬無稽，也願意接受辦理。

儘管這是美式大賣場商品的退貨規定，但做人的原則卻似乎不該只有如此——這也是你感到生氣的原因之一。

每個人對待事物都有不同的基準線，而且會隨狀況出現後退或前進的變化，但孔子會希望大家能將那條基準線——正當的方法——標記清楚。

注意！不是理由，而是方法。

《論語．里仁》提及：「**富與貴是人之所欲也，不以其道得之，不處也；貧與賤是人之所惡也，不以其道得之，不去也。**」大家都想獲得好處、捨棄壞事，孔子理解且接受這樣的人類情感，但強調必須用正當的方法獲得與捨棄，否則寧可承擔應承擔的一切。

使用賣場的退貨機制，可能是要避免金錢上的損失，或是免費獲得部分的物品。我無法得知退牛奶這件事是屬於哪一種可能性，但那位顧客依舊按照規定辦理，沒有憑空製造虛假的規定，或是以暴力恐嚇、口語威脅爲手段，迫使賣場聽從自己的要求；更不是躺在地上哭喊，製造可怕的噪音讓大家感到困擾。在場唯一感到困擾的，似乎只有你，他的行爲讓你感到不舒服，你也因此產生某種正義感：他這樣做是不對的。

「規定就是規定，依循規定的人沒有錯。」孔子是這麼想的，也希望你能這麼想，當別人的行爲超出規定範圍的時候，你應該阻止；但當他們還在界線之內時，千萬別輕易地做出評價。

有些人常用道德和正義來限制對方的行爲，另外畫出一個模糊不清、大小不一的圓圈，希望對方不要超出圓圈之外。但這是難以達成的目標，也不宜強迫別人配合。

只有你可以站在自己畫的圓圈裡。孔子再補充說：「**君子無終食之間違仁，造次必於是，顚沛必於是。**」認爲每一秒鐘都不能忘記自己要做一個好人，即使在最痛苦與最險惡的狀況裡，你依舊要堅持待在那個符合道德和正義的圓圈之中。

你可以討厭買了十二罐鮮奶又退貨的人，但無法阻止他，能阻止的是不要成爲自己討厭的人。

乳糖不耐的，厭世國文老師

美術館的鬼怪展可以去嗎？

Asking Johnny

親愛的厭世國文老師：

南臺灣有一個「地獄與幽魂」的美術展覽，我很想看，但我爸媽是虔誠的教徒，他們警告我絕對不能去，因為會造成身心不適，而且傷風敗俗，還說恐怖嚇人的東西沒有任何正向的幫助。這讓我很困擾，到底該不該去呢？

——小倩

親愛的小倩：

美術館籌辦展覽，是集合了策展人、藝術家及行政工作團隊的努力，當作品呈現在觀眾眼前的時候，背後已經有著詳細的討論與規畫。我們並非藝術相關領域工作者，應該相信專業人員的判斷。

既然是一個正規的美術展覽，只要付了錢，你當然可以去看。你的麻煩來自於父母對鬼怪的想法，他們認為那些虛妄無形的事物，無助於處理現實生活的問題，甚至有可能產生負面的影響：擔心你晚上睡覺會尿床，因為你不敢去廁所，懷疑馬桶裡會伸出一隻手，偷偷摸你屁股。在這種狀況下，可以理解父母的心情，畢竟洗床單很麻煩的。

樊遲曾向孔子提出「智」的疑問，孔子回答：「敬鬼神而遠之。」對鬼神懷有敬意，並安分地待在遠處，不要積極參與，這樣就是充分展現智慧的做法。

這裡的「鬼神」，係指宗教方面的可能性居多，畢竟只有信仰宗教的人，才比較常提到神祇與鬼魂、天堂與地獄。所謂的智慧，就是要能理性地接觸宗教。孔子並非強調不要相信鬼神，而是不要迷信鬼神。

進一步說，保有獨立的思考，不受外部環境的引導或操控，維持自己看待世界的框架，並依此決定未來行動的方向，孔子期待樊遲做到的「智」即是如此。

如果有人以「敬鬼神而遠之」為由，阻止你參觀「地獄與幽魂」展，那麼這並不是孔子原來的意思。除非你進到美術館後，會對著裡面的三具殭屍藝術品和其他幽靈畫作膜拜，然後大喊：「救救我。」

否則，美術館可以增加藝術氣質，再拍幾張網美照上傳到社群媒體，讓追蹤者知道自己是個有品味的人，有何不可？

我比較好奇的是：你想看展，是因爲新聞報導才決定前往，或者長期就是美術展覽的愛好者？你是隨波逐流，還是獨立思考？

怕鬼的，厭世國文老師

推薦恐怖電影給朋友

Asking Johnny

親愛的厭世國文老師：

前陣子很有名的電影《咒》上映，我看過後非常喜歡，覺得難得有這麼棒的臺製恐怖片。暑假時，這部電影也在影音串流平臺上架，我很想推薦給爸媽和朋友看，但又想到孔子說，不要講些怪力亂神的東西。是不是不應該跟大家說《咒》超級讚？

——相信祝福的朵朵

親愛的朵朵：

《論語》提到：「**子不語怪力亂神。**」根據這句話來看，應該會有四種類型的電影不能推薦，分別是：怪異、暴力、悖亂、神鬼。你能想像不跟朋友炫耀昆汀．塔倫提諾和希區考克的電影有多厲害是什麼心情嗎？

難道漫威新的超級英雄電影上映、飾演雷神索爾的肌肉猛男四處宣傳時，相信孔子的你有需要跳出來喊「噓，安靜」嗎？

我想建議你，不要這樣理解孔子的說法。

首先，電影探討的往往是人類的共同情感。不同類型的電影，有可能都在傳達一樣的情感主題，因此該在意的不是故事情節，而是電影究竟要告訴觀眾什麼道理——有怪異、暴力、悖亂、神鬼的故事情節，未必等於宣揚以上的行爲。

其次，孔子之所以不討論或少提及「怪力亂神」，主要原因是他注意到人們習焉不察的判斷，爲了降低散布偏見和刻板印象的機會，那些可能導致迷信與惡行的事情，少說一點自然比較適合。

綜上所述，你應該先檢視《咒》有沒有傳播迷信的狀況？你是否同意這部電影會爲觀看的人們帶來詛咒？又或是電影的暴力畫面足以影響你跟著照做一次？如果以上你的答案都是肯定的話，當然可以遵守與執行孔子不說怪力亂神的原則，別向你的爸媽和朋友推薦這部電影。

若是你認爲重點在於推薦一部好的電影，正巧故事情節是恐怖類型，這種好東西當然不能只有我看到，那就放心大膽地幫他們登入影音串流平臺，點選《咒》，一起享受近兩個小時的感官刺激娛樂。

換言之，你需要承擔的壓力不是來自孔子，而是要擔心別人的品味，有沒有和自己一樣。

默念「火佛修一　心薩嘸咩」的，厭世國文老師

搭車禮儀

親愛的厭世國文老師：

上次搭同事的車回家時，我坐在後座，因為我想副駕駛座有可能是他老婆或女友的專屬座位，沒想到被同事碎念我不懂搭車禮儀。請問真的有搭車禮儀這種東西嗎？

——PUI PUI

親愛的PUI PUI：

當我知道搭乘別人車子有所謂禮儀的時候，跟你一樣沒做好心理準備，完全無法理解對方的抱怨。後來我卻驚訝地發現，禮儀是一種長期養成的習慣，建立在已經不被人知曉的道理之上；更何況，你若很少成爲轎車的駕駛或乘客，那麼不懂是正常的。

約定俗成的觀念是這樣的：獨自坐在後座，代表把開車的朋友當成司機，所以你應該選擇駕駛右側的副駕駛座。而從《論語．鄉黨》裡的說法，或許可以提供另外一條比較古老的線索。

「車中，不內顧。」在車裡，千萬別回頭看。這聽起來很像半夜從收音機裡傳出的鬼故事，懸疑又奇怪。確實，這條敘述沒有說明理由，但或許可以從生活經驗做一些推測：大概是考量車上人員的安全性，希望駕駛和乘客的眼睛維持直視前方的狀態，一旦發生什麼意外，才能及時迴避。

因此，身爲朋友或同事的你坐在後座時，駕駛要轉頭才能和你說話，即使不到短短的一秒鐘，也足以造成很多無法預料的問題，這或許就是形成現行搭車禮儀的原因之一。

禮儀來自於人性的觀察，認識禮儀時，如果忽略人性的部分，那就太可惜了；因爲你只會記住與遵守僵化的規則，無法因應實際發生的狀況，做出非原則的彈性處置。

關於乘車，《論語》還提供幾條原則，像是**「升車，必正立、執綏」**，類似現在捷運的廣播：「請緊握扶手，站穩踏階。」（請手扞好勢，跤徛好在）避免在上車過程中摔倒；又或是除了不能在車內回頭看之外，說話速度不能太快，也不要用手亂指路人，這麼做同樣會增加駕駛與乘客的風險，因爲注意力會被轉移到想要聽清楚語速過快的談話內容，以及在外面行走的路人。

透過這樣的說明，你應該可以明白一件事：之所以注重乘車禮儀，根本原因或許就是在乎乘車的安全性。不過，你因爲知道對方有老婆或女友，而選擇不坐在副駕駛座，也可說是一種顧慮安全性的做法——考慮駕駛個人的人身安全。

安全駕駛的，厭世國文老師

接機的外交禮儀

Asking Johnny

親愛的厭世國文老師：

八月時，有外國高級官員來訪臺灣，當時有電視臺讓民眾進行網路投票，預測對方下飛機時，先踏上臺灣這塊土地的會是左腳還是右腳。如果要接機，你覺得用什麼外交禮儀迎接對方比較適合呢？孔子的方式應該可行吧！

——四爺

親愛的四爺：

你要是早出生個兩千五百多年，當然可以使用孔子的方式接待外國高級官員，但現在千萬別這麼做。

以前的國與國之間，擁有共同的禮儀規範，遵循一致的行動原則。現在當然也是如此，但外交關係的應對往來已被重新定義，也就是「綠燈」和「紅燈」設置的地方已經大不相同，其中可被允許與必須禁止的行爲，完全超越孔子的生命經驗。

假使以孔子的方式接待外國高級官員，你前一晚可能要早點睡覺，好維持健康的氣色，並且輕快地移動與行走，避免露出平常上班社畜的厭世臉孔，才不會讓對方誤以爲自己不受歡迎。

到了機場，記得問候在場等待的人們，就像明星走上紅毯一樣。雖然你不是此行的主角，仍要用左手向左邊的人打招呼，用右手向右邊的人打招呼。此時，你的衣服可能會隨著手部與腰部的移動而出現一些皺褶，但千萬別讓這種狀況發生，無論多熱情地打招呼，依舊要保持良好的服裝儀容。

接著，見到外國高級官員下飛機的瞬間，你要小跑步向前進，你絕對沒辦法分心注意對方先踏在機場跑道上的到底是左腳和右腳，因爲你正以一種飛鳥展翅的方式，朝著對方跑過去——乍看可能像是漫畫《火影忍者》那樣的奔跑，大概是以此表示自己的滿心期待與盼望吧。

好啦！這種說法可能太過於誇張，但在《論語．鄉黨》中，的確提及孔子接待外賓時會「**趨進，翼如也**」。這邊的「翼如」可能是指衣服揮動時飛揚的模樣，畢竟當時的服裝與現在不一樣，寬大的衣袖或衣襬可能會在行進間讓人產生鳥兒打開翅膀的錯覺。

順利接完機，等到外國高級官員在臺灣把該見的人見過了，該吃的小籠包也吃過了，你可以再次來到機場，目送對方登上飛機。回去向長官報告時，你要說：「**賓不顧矣！**」

客人不再回頭，代表接待任務圓滿結束。

所以，孔子的方法不可行。建議你維持國際禮儀，燙好你的襯衫、穿上你的西裝、擦亮你的皮鞋，然後帶著微笑在機場等待就可以了。

穿西裝的，厭世國文老師

鄰國前首相過世，該難過嗎？

< > Asking Johnny

親愛的厭世國文老師：

隔壁國家的前領導人遇刺身亡，我身邊很多人在討論這件事，並發文表示哀悼。但我平常對政治不熱衷，也很少看新聞，我並不感到有什麼特別的，更不會難過。請問這樣是正常的嗎？

——機械心臟

親愛的機械心臟：

關於喜悅與難過的情緒，並沒有一定的衡量標準。在我們認識的朋友裡，有些人會因爲瑣碎的小事感到高興，並會維持很長的時間；也有些容易多愁善感的人，即使中了樂透，也覺得這是另一齣慘劇的開始。只有我們自己，才是情緒的控制閥。

你的任何情緒都很正常，不過我們的社會文化對死亡保有某種道德的距離，那是出自於恐懼與尊敬的複雜情感，與其說是對他人生命的消逝感到難過，不如說是在意自己不知何時也必須面對死亡。

《論語》提到：「子食於有喪者之側，未嘗飽也。」孔子吃飯的時候，如果旁邊坐著一位正在辦喪事的人，他從來不會吃飽。在身體的層次上，孔子節制生理需求的滿足程度；在社會層次上，則試著與旁人情感產生連結，把自己放置在群體之中。

孔子直覺地與群體同步，而讓知性的考慮逐漸消失，展現出「理應如此」的態度，這並不是矯揉造作的敷衍。

話說回來，孔子如何辨識身邊的人是否為喪家，然後知道這餐該不該塡飽肚子？比較合理的解釋是——他前去弔唁或協助喪家處理相關事宜。

雖然你不像孔子一樣，必須到喪事現場鞠躬致意，但在網路發達的社會裡，持續聽見與看見相關的新聞報導、政治評論，以及社群媒體發文，難免會受到影響。你當然不必以沒吃飽的方式，來顯得自己比較有同理心，或是在昏暗的小房間裡默默拭淚，照樣可以到路邊買雞腿便當配個珍珠奶茶，過著自己的小確幸生活。

即使你為此出現高興的情緒，甚至狂歡慶祝，我當然也不會覺得有什麼不可以，畢竟那是你自己的感受；但我大概會盡可能別出現在你周圍，或是跟你有任何接觸。

你也可以注意社群媒體上有沒有類似的朋友，把喪事當成慶典，嘲笑他人的不幸。若有，刪掉他吧！

封鎖人的，厭世國文老師

哪一個版本的孔子比較厲害？

Asking Johnny

親愛的厭世國文老師：

最近我看到一本《掄語》，裡面提到孔子體格高大、長滿肌肉，只要不聽他的建議，就會把對方抓起來痛毆；而所謂的「仁」，則是將人一分為二的無敵武術。想請問老師，這個版本的孔子是不是比較厲害？

——範馬武大郎

親愛的範馬武大郎：

聽到你這麼形容孔子，我忍不住上網搜尋《掄語》。內容的確誇張，傳統畫像中拿著拐杖的老人家，竟然變身肌肉猛男；而某些經典名言，也被超譯成霸氣十足的說法。

我再次翻了《論語》。

我發現孔子提到很多事情，包括道德修養、禮樂制度，還有政治社會，但沒有說要把人一分爲二。肌肉版本的孔子，大概是網路使用者的集體創作，是想像力無限延伸後的產物——反正就是其中一種《論語》的解釋。

好吧！如果硬要比較你的解釋與我的解釋，哪一個版本的孔子比較厲害？單就戰鬥能力而言，我讀的《論語》雖然沒有誇張到可以一拳打爆市區公車的地步，但也有提到孔子對自己的戰鬥技術頗有信心。

某天，孔子聽到一句關於自己的評論：「仲尼？他很優秀啊！知道很多事情，可惜不夠出名，要是他有個必殺技就好了。」我原以爲是讚美，但看起來更接近批評一點，就像那種經常出現的網路留言，喜歡夾藏幾句戲謔或嘲諷的文字，如此才能顯出自己的理性、客觀又有智慧。

「必殺技？我有啊！」孔子對旁邊的學生說：「**吾何執？執御乎？執射乎？吾執御矣！**」古代貴族有六項必備技能，御和射屬於其中的體能活動，更準確地說是國防軍事技能：開（戰）車、射箭。

根據古籍的說法，「御」分爲五種：「**鳴和鸞，逐水曲，過君表，舞交衢，逐禽左。**」大概就是充分了解並發揮車輛的性能，穩定地展現精巧的前進、衝刺、急煞、轉彎等操控技術；至於「射」也有五種：「**白矢、參連、剡注、襄尺、**

井儀。」除了「襄尺」是禮儀之外，其他指的是箭射出去的快、狠、準，而且還能連續發射。

開（戰）車和射箭，這兩項都可以算做孔子的必殺技，隨時可以輾斃和射殺敵人。不妨想像一下，一百九十幾公分的孔子，開著當時的裝甲車朝你衝來，還會拿起狙擊槍——弓箭。注意！孔子拿的還是半自動狙擊槍，可以連發來進行火力壓制。

最後，孔子選擇開（戰）車做爲自己的必殺技；不知道爲什麼，他覺得這比射箭更具代表意義。過去學者說，這表示孔子的謙讓有禮；但我倒是偷偷這樣想，孔子應該是想告訴那個嘲諷自己的人：「來單挑啊，怕你不敢。開車讓你啦！」

電影《賭神》中有一句名臺詞：「只要龍五手上有槍，誰都殺不了他。」孔子只要握住方向盤，他誰都能殺得死。

我這個版本的孔子，是不是也很厲害？

和平的，厭世國文老師

肆

愛情有點煩

有人跟我告白，
但我好怕再遇到渣男。

視其所以，
觀其所由，
察其所安。

曖昧對象喜歡別人

親愛的厭世國文老師：

我有個很要好的男性朋友，平常都會陪我吃飯、接送我回家，還會一起看電影什麼的，本來以為我們是「友達以上，戀人未滿」的曖昧狀態，結果他上週竟然跟我說自己交了女朋友。我實在太傷心了，甚至還覺得生氣。請問我到底該怎麼辦？

——臺南小琳

Asking Johnny

親愛的臺南小琳：

曖昧像是一首詩，大家詮釋成自己想像中的模樣。

我不知道你這裡的「怎麼辦」是希望不要再傷心與生氣，還是想得到別人的意見，藉此重新看待整件事情，但我想兩者彼此之間是有關連的。

《論語．里仁》這樣告訴你：

「唯仁者能好人，能惡人。」

孔子沒有否定負面情緒，反而認爲討厭一個人，也是正常的內在能量釋放，喜歡一個人也是如此。這些都是理所當然的感受，我們都應該知道自己爲什麼開心、痛苦，以及憤怒。

如果你希望別再出現任何負面情緒，或希望永遠幸福快樂、持續擁有美好的生活，很抱歉，這是完全不可能做到的，是遙不可及的烏托邦。我們都是有血有肉有靈魂的人，必然會感受到世界給予自己的糖果與傷痕。

當然，孔子會希望你做一個「仁」者；簡單一點來說，是期待你成爲眞實的人：高興就笑，痛苦就叫；可以吵，可以鬧；難過無法忘掉，但也別忽略曾經的快樂。

愛了就勇敢去愛，恨了就坦白去恨；至於該愛或是該恨，你自己最清楚。但你更該知道，對一個人同時產生愛與恨的感覺，會讓一切變得困難起來，因爲你開始迷惘——陷入既熟悉又陌生的感覺。

所以，就算想傳封簡訊給他，文字都必須仔細斟酌，寫了又改，改了又寫；既想讓對方知道自己的憤怒與難過，又擔心自己把對方推到更遠的地方，這種心中的拉扯實在不太舒服。

面對複雜的人性，你必然會有掙扎，不知道什麼態度才是正確的。既然如此，那不如順著自己的心情去做，千萬不要假裝沒事或無所謂，嘗試做一個眞實的人吧！

你本來就不該對一個人只有好，沒有壞；也不可能一個人身上只有好，沒有壞。

曖昧令人受盡委屈，你該找到的是相愛的證據，而不是快樂的感覺。

宰眞的，厭世國文老師

該不該答應告白？

Asking Johnny

親愛的厭世國文老師：

最近有個男生向我告白，是在某次朋友的聚會上認識的。我對他也有點好感，但之前遇到的對象實在太爛，不但會花我的錢，還愛說謊。這次，該怎樣才能知道他是不是一個好人？實在有點害怕再遇到爛人。

——怒摔手機杜十娘

親愛的怒摔手機杜十娘：

開始戀愛前，就像是在賭場裡玩撲克牌一樣，你不會隨意擲光手上的籌碼，也不會毫無準備就掀開底牌。然而一旦確定下注、分出勝負後，就只能接受牌桌上的結果——輸或贏。

愛情很少有和局，我們都想成爲勝利者；即使要失敗，也不願輕易在賭桌上輸光一切。

究竟該如何做出聰明的判斷，知道一個人是否值得交往？孔子會建議你：好好觀察。

「視其所以，觀其所由，察其所安。人焉廋哉？人焉廋哉？」孔子提出三項具體的觀察方法，保證任何人都無法在你面前隱藏自己——聽起來倒是有點像是網路上吸引你點閱的文章標題：

「看透人心！你一定要知道的三件事。」

首先，分析動機。了解一下他爲什麼想跟你交往，是因爲你的外貌、身材、個性、內涵，還是工作能力，或是你沒想到的其他條件，進而創造提出告白的內在力量。

接著，觀察行爲。如果分析動機是理解一個人的「過去」，那麼觀察行爲就是注意「現在」，了解在每一次當下，對方會用什麼態度解決問題、處理情緒，以及預防改善。

最後，這是比較困難的一點，孔子希望你確認看不見的東西——道德感。不用急著評價對方的動機與行爲，而是繼續等待他「未來」的表現，對什麼事情會感到安心或不安心，由此知道這個人的道德感。

想要好好認識一個人，除了以對方的意圖、習慣做爲分析資料之外，自己的感覺也很重要。所謂「察其所安」可能是一種非屬理性的判斷，是儲存在情感記憶裡的大量數據，你根據對方身體釋放的信號，得到難以明言的答案。

同樣的道理，你除了必須花不少時間注意這個男人，也不能放棄自己的直覺。不妨看他在社群媒體上追蹤的對象，或是跟他一起出門吃飯、旅行，再看看他怎麼對待便利商店店員，你的第一個念頭應該就是答案了。

眼睛張大的，厭世國文老師

喜歡聽男友的讚美

Asking Johnny

親愛的厭世國文老師：

我很希望男友每天都能對我說甜言蜜語，像是稱讚我的髮型、妝容，或是穿著品味。有一次他竟然說我新買的口紅顏色像磚頭，我有點生氣不開心。你覺得他是不是沒有把我放在心上？

——莎莎可兒

親愛的莎莎可兒：

你的問題在於，對方的評論可能出現兩種思考邏輯，其中有兩種對立的思維在運作——批評與讚美。

這種狀況實在太常見了。你無法預測哪一種評論會出現，但你又特別喜歡聽到讚美，而不願意接受批評，所以對方一開口，就有百分之五十的機率會惹你不爽；

甚至說出你喜歡聽的內容，也未必眞的能得到你歡心。

你之所以想聽到讚美，有很大的可能是想確認現在的狀態是否符合自己的觀察與期待，而不是把對方意見做爲進步的動能。

《論語．子罕》提到：「法語之言，能無從乎？改之爲貴。巽與之言，能無說乎？繹之爲貴。」這裡的「法語之言」並非那個浪漫的外國語言，而是有原則、道理的意見；「巽與之言」則指委婉、迎合人心的言詞。簡單來說，孔子認爲我們下意識地相信批評和讚美，並會受到這些話語的影響。但願意接受與感到喜悅還不夠，還需要據此改變原本的想法和行爲。

某種意義上，這似乎破壞了自主性與個人意志，但孔子希望我們在得到建設性意見時，能積極地修正自己的問題；至於那些動聽的言語，也別忘了要探究與分析原因。

做錯沒關係，幸好能改；做對別驕傲，想辦法維持。

你的口紅顏色獲得不好的評價，當然不能說是什麼天大的錯誤，但如果你這麼在意對方的看法，應該可以問他：「爲什麼？」如果你也同意對方的理由，下次就可以考慮別買磚紅色調的口紅，或是另外挑選其他款式。

聽到甜言蜜語時，你除了冒出粉紅泡泡外，一樣可以問：「爲什麼？」

「你今天的指甲顏色好有質感。」

「爲什麼？」

「我喜歡這個香水味道。」

「爲什麼？」

「我只愛你一個人。」

「爲什麼？」

雖然這有點像強迫對方做申論題，或是研究所論文口試，但你可藉此蒐集更多資訊，得到相對完整的答案，發現自己之所以被認同的原因，並做爲檢視對方可信度的一種方式；接著再決定要不要眞正感到開心，或再以相同的原則進入關係中。

你或許會覺得這樣做太嚴肅正經了，希望有比較簡單輕鬆的相處模式。這樣的話，不妨清楚地展現自己的喜好與興趣，讓對方順利避開你的地雷，才不至於發生連環大爆炸。

愛是不試探，試探是神給予人們的考驗。

有話直說的，厭世國文老師

即將到來的遠距離戀愛

Asking Johnny

親愛的厭世國文老師：

我和男友即將分隔兩地：他要飛往美國紐約工作，我則待在臺灣繼續讀書。對於未來，我們都很徬徨，因為不知道如何維持遠距離的戀愛關係。你有什麼建議嗎？

——小美琪

親愛的小美琪：

關於感情問題，我一律建議分手。

開玩笑的。那是在你們沒有共識的情況下，才不得不做出的妥協方式；若彼此已經做好心理建設，準備迎接生活型態與工作模式的劇烈變動，並試圖找到另一種相處的默契，遠距離戀愛可能沒有想像中的糟糕。

從前有一首不在《詩經》裡的詩：「**唐棣之華，偏其反而。豈不爾思？室是遠而。**」據說「唐棣」是一種薔薇科的花，「偏其反而」則是在說明那種花的特殊之處——先盛開，再閉合；也有人認爲，這單純是在表示唐棣花色彩繽紛。無論如何，這樣美麗的花朵，容易令人聯想到美麗的臉龐。接著插進一句像是反駁質疑、但同時也是證明心意的話：「我哪有不想你？」大概是收到情人的來信投訴，正忙著解釋自己並非不思念對方，而是——你住得太遠了。

這不就和遠距離戀愛一樣嗎？越是遙遠的距離，越是需要證明愛情依舊存在，必須常說「我想你」或「我愛你」；即使話語讓情感顯得輕薄，但也好過一點表示也沒有。身體的碰觸、眼神的示意，以及語言的交流，都能夠傳遞、接受關於愛的訊息與能量。更何況，在那個古老的時代裡，也沒有什麼通訊軟體，一鍵按下就可以聽到、看到身處不同空間的情人，必須仰賴更多的信任與包容。

對此，孔子表示「聽你在屁」。

《論語．子罕》收錄這首被視爲「逸詩」的詩，隨後附上孔子評論：「**未之思也，夫何遠之有？**」認爲這不是思念。即使詩中人物看似誠懇，但並不代表心中就有對方的存在。孔子認爲，要是眞的思念，那麼不管是墓仔埔，還是失落的亞特蘭提斯，甚至是百慕達三角洲，就算再難抵達的地方，也會用盡一切辦法讓對方知道自己的心意；而不是等到有人埋怨或生氣時，才匆忙說聲「對不起」。這時候的任何解釋，聽起來都只會像是理由。

這麼看來，你們該思考的不是臺灣與紐約之間的一萬兩千六百八十公里，而是如何縮短情感的距離。打開習慣藏在抽屜裡的心情，分享和參與彼此生命的故事，或許正可如孔子所說的：「何遠之有？」

愛情不應該被試探，因爲人性常無法承受試探；但經歷考驗的愛情，總是有機會像鑽石一樣恆久。

與其買鑽石戒指，不如接受遠距離的考驗。

昂貴的，厭世國文老師

該怎麼稱讚喜歡的人？

Asking Johnny

親愛的厭世國文老師：

我有一個喜歡的女生，但其實不太有機會見到她，大多是在社群媒體上聊天。上次看到她發了一張穿著碎花洋裝的照片，我就在底下留言：「很復古耶！適合。」結果她回覆了其他的所有留言，卻唯獨沒有回覆我的。還有一次，在限時動態看到她的泳裝照，忍不住傳了「性感，戀愛了」的訊息，後來就發現我被封鎖了。我搞不懂這到底是怎麼回事？

我是不是應該去學一下網路上的撩妹語錄？

——鋼鐵直男

親愛的鋼鐵直男：

從說出讚美的那一刻起，就代表正在建立彼此的親密關係；而那些網路上所謂的「撩妹語錄」，除了以玩弄文字爲遊戲外，還包括情感的流動。正在表達與接受訊息的兩人，必須具備共同的默契，讚美的功能——示好、示愛——才會順利完成。否則很容易被理解成一種言語上的騷擾，所有的讚美都將變成呈堂證供。

「警察叔叔，就是那個人。」我們都不希望發生對方因感到不愉快而決定報警的狀況；更不幸的是，這還可能成爲網路上大家嘲弄的對象，而且一定會有人留言「阿宅滅一」。

當兩人的關係還不夠密切時，要想拉近距離，就更應該斟酌讚美的內容，選擇合適的字詞做爲開場白，或許才能獲得你期待的回應。很明顯的，在社群媒體留言與私訊，這種看似與對方直接聯繫的方式，爲你製造了微妙的錯覺，以致誤判了現在的狀態。

或許你有一顆眞誠的心，卻沒有正確表達的能力，因此，減少留言和私訊的次數，大概比看什麼撩妹語錄還來得有價值。孔子認爲：「君子欲訥於言而敏於行。」當你不知道說些什麼的時候，少說比多說好，不說比少說好；但什麼都不說，又會像是個普通又平凡的人形立牌，或是重複相同語句的電玩NPC。

由於人們不可能把自己隔絕在群體之外，依舊要加入其中，所以孔子提醒大家要「敏於行」，係以勤奮、敏捷、健康的行動接觸現實。

也就是說，別花太多時間在失去現實的虛擬空間裡遊走，那些社群媒體裡的互動太不眞實；至少對你而言，這無法展現你的長處、優勢，或其他更値得認識的特質。

放下手機吧！聰明、實際，並積極地認識身邊的異性，少說一些自以爲幽默和讚美的話，多做一些體貼和溫暖的舉動。眞誠不只是眞誠而已，它總是伴隨著某種實際的作爲。

少說話，多做事。人生如此，愛情也如此。當然，你想沉浸在手機的網路世界也不是不行，這種時候，避免被喜歡的人封鎖的方式是：少私訊，多按讚。

有貓就按讚的，厭世國文老師

該不該採用ＡＡ制？

Asking Johnny

親愛的厭世國文老師：

第一次約會吃飯要不要各付各的？每次網路上的鄉民談到這個話題，都會直接開啟各種互嗆對罵模式，有人建議男生本來就應該要付全部餐費，也有人認為女生才不需要男生請客，但好像沒有人說女生可以主動買單，好奇怪喔！

——Shilon

親愛的 Shilon：

ＡＡ制是指「平均分擔費用」，雖然我不是數學家，但出遊和吃飯的時候，用這種方式結清帳單，聽起來很不錯，對吧？從公平的角度來看，我認爲ＡＡ制的好處在於它不僅提供了對等關係，還單純化社交行爲的動機與目的。

對一般的同事和朋友來說，AA制不會造成太大的困擾或爭議，但若發生在約會的狀況裡，就似乎會變得複雜且難以解釋，因爲動機與目的皆不再單純，還參雜了其他因素：欲望、興奮、幻想、權力，或是自我滿足等。

此外，包括餐廳的選擇、見面的次數、個人的特質，甚至是價值觀的差異，也都會影響我們是否採取AA制。簡單地說，AA制是一種方法，但不是通用的原則，難以套用在所有情境裡。

孔子說：「君子之於天下也，無適也，無莫也，義之與比。」處理任何事情，都應該保持某種彈性——沒有絕對如此，也沒有絕對不如此。

約會沒有絕對要AA制，也沒有絕對不要AA制，端看你當下扮演的角色是什麼，而見面是爲了試探、愛慕、追求、敷衍，或者想從對方身上得到自己想要的東西？根據這些理由，你會有不同的想法與行動，進而思考要不要拿出魔法小卡——信用卡，爲這次約會付清費用，或是決定禮貌地說：「平分後要給我五百零一元，多的這一塊錢，算我的。」

從更嚴格的意義來分析，孔子並不是要我們只專注於當下的感受與需求就可以了，他提出「義」做爲在不同情境下的判斷基準，係以合宜的想法與行動，衡量自己到底該如何解決問題。也就是說，即使造成AA制的狀況很多，依舊必須要維持人際的和諧關係，並在金錢與情感之間取得平衡，想辦法不讓對方和自己感到難受。

要考慮的面向不少，如何讓彼此都獲得充實與滿足，這是孔子關心的重點，也是我們應該思考的部分：如果付錢讓你很痛苦，那麼盡可能別讓對方感到難堪；如果付錢讓你感到快樂，也一樣別像個愛炫耀的討厭鬼，到處說自己有多慷慨。

大方的，厭世國文老師

氣炸！男友的朋友竟然幫他說謊！

親愛的厭世國文老師：

我很討厭男友喝酒，因為每次只要一喝完酒，他就很愛惹事、造成別人麻煩；他也答應過我不再去會喝酒的場合，但昨天又被我抓包去酒吧嗨。更過分的是，他幾個朋友還一起騙我，說他們只是去唱歌，沒喝酒！這些朋友根本是狐群狗黨！對吧？

——我想再氣五分鐘

親愛的我想再氣五分鐘：

隱瞞自己做錯事，是害怕被懲罰；幫別人隱瞞做錯事，則是出於情義。

在《論語．子路》裡，葉公和孔子討論一起偷竊案件，其中還牽涉到倫理道德的議題：父親偷羊，兒子該不該告發？

葉公的立場是，正直的人就應當檢舉，即使犯錯的人是父親也一樣。

孔子的立場則相反：**「父爲子隱，子爲父隱，直在其中矣。」**認爲所謂的正直，是父親和兒子其中一人要是犯錯，另外一個人就會爲他隱瞞。

換成現在，若將孔子的說法放上社群媒體，一定會遭到網路鄉民集體砲轟，底下除了刷一排憤怒的表情符號，肯定還少不了這樣的留言：

「笑死，還敢說自己是老師。」

「爲人師表，丟臉耶！」

「祝福你被偷東西。」

大家的批評是可以理解的，因爲過度強調親情的緊密關係，反而導致法律制度的崩塌，最後遭受損害的，是更大的集體利益。

但爲何孔子主張要替犯錯的一方隱瞞，甚至肯定此一行動的價值？原因很簡單：事情的輕重不同。

親情重，法律輕；社會公平正義和他人的實質損害，皆沒有比親情來得重要——再怎麼樣，都不能送親人上處刑臺。

然而，《論語》沒有說清楚的是：隱瞞，是瞞得理直氣壯，抑是瞞得心痛爲難？做出悖離法律的行爲時，心裡又究竟想著什麼？

我相信，這裡的隱瞞應該還包含著內疚、慚愧，以及傷心，但畢竟自己的親人只有一個，任誰也難以取代。

所以，儘管你覺得男友的朋友都是狐群狗黨，但從他們的角度來看，爲好兄弟隱瞞是再正常不過的事情，通風報信反將被視爲對友情的背叛。當然，友情已經脫離了孔子強調的親情範疇，彼此之間具有一定程度的落差，可是在現今社會裡，我們對於朋友的重視，可能還高過於自己的親人，你男友的朋友們當然會替彼此護航——把你排除在外。

值得思考的是：他們到底有沒有罪惡感？知不知道這樣做會讓你傷心？可惜的是，你很難知道眞正的答案。

我想你的怒氣還是發洩在男友身上好了，至少比較直接且容易一點。

溫和的，厭世國文老師

男友很小氣，是不是該分手？

親愛的厭世國文老師：

男友約我去臺中玩。中午我們去吃漢堡，結帳的時候，他說自己身上沒有現金，我覺得反正沒差，所以就先結帳。後來散步去買冰，男友說不吃，叫我自己去買，結果我回來後，又一直吃我的冰。逛商店時，我們一起排隊結帳，但他竟然把自己的東西從購物籃裡拿出來分開結。這樣的男友是不是該分？

——百事可愛

親愛的百事可愛：

約會是種特別的活動，和喜歡的人一起出門就是滿足，而過程是好是壞，你自己可以判斷。每個人都有自己的生活習慣與個人特質，並在與群體的互動中展現出來，而符合大眾價值觀的人往往特別受歡迎，像是慷慨、熱情、積極，還有幽默等。

很明顯的，你不喜歡男友這樣的行爲，即使你們正在約會、享受兩人的甜蜜世界，但眼光始終會落在他不願意付錢這件事上。

我的建議是：試著看向好的地方吧！

《孔子家語．致思》提到，孔子在下雨天的時候出門，結果發現自己沒帶傘。可能擔心淋到雨會禿頭之類的吧，在門口猶豫了一下。旁邊的學生感覺到老師的窘境，很貼心地說：「老師，子夏有傘，我幫你跟他借。」不是自己的東西，好像都可以很大方。這位貼心的學生根本在慷他人之慨，子夏一定想著：「你的善良，我的毒藥。」

說毒藥太過嚴重，但孔子了解子夏這位學生，知道如果向他借傘，礙於師生之間的關係，他當然會借傘給孔子，以表示尊敬之意；但子夏生性吝嗇，把自己的東西借給別人，一定會開始出現內心小劇場：

「傘會不會壞掉啊？」

「這把傘很貴。」

「萬一不還我怎麼辦？」

對於教育工作者而言，不僅要理解學生，也須尊重學生，從細微之處觀察他們的需求與想法；畢竟學生未必會誠實地表現自己內在的焦慮或煩惱。

孔子理解、尊重子夏，不願意造成他的困擾，於是說：「**吾聞與人交，推其長者，違其短者，故能久也。**」認爲維持長久良好的人際關係，必須盡可能擁抱對方光明的那一面，避免深究黑暗的部分——重視優點，忽視缺點。

從更積極的角度來說，孔子希望我們不但要忽視缺點，更別讓對方有出現缺點的機會。

同樣的，你覺得男友小氣，這應該不是一天兩天的事情，可能在更早之前就已經發現；但你被對方吸引而願意交往，一定是因爲發現了其他值得自己喜愛的部分。如果你不喜歡男友要你假結帳眞請客、吃你的食物，或分開結帳，那就盡可能吃飽再出門，或是只要看到任何需要共同花錢的場合，一律離得越遠越好。

以上，似乎很困難，分手可能簡單一點。

有借有還的，厭世國文老師

把老公的模型送人有什麼大不了的？

Asking Johnny

親愛的厭世國文老師：

我老公有蒐集公仔的嗜好。最近我媽跟親戚來家裡玩，小朋友想要其中的哥吉拉，於是我先把它送給小朋友，心想之後再買一樣的還老公就好。沒想到他出差回來後就一直跟我吵架，甚至又花了十幾萬買公仔回家，存心氣我。到底要如何讓他別像個小男孩一樣幼稚啊？

——成熟人妻

親愛的成熟人妻：

收藏公仔的樂趣之一，就是不管你已經買了多少個，蒐集成套都會是重要的一項目標。

相同的心態，班級導師在早自習的點名工作亦是如此，係在蒐集班上的全部

「學生公仔」，而且他們每人還剛好有附上編號，只要少掉任何一個，導致這個編號被空缺出來，如同不成套的玩具或書籍一樣，班級導師就會感覺哪裡怪怪的。

但是妳忽略了自己的問題。孔子曾說：「**躬自厚而薄責於人，則遠怨矣！**」若妳希望老公別用這種方式對待自己，就必須先以更嚴格的標準審視自己。在這次事件裡，檢查自己是否表現出輕視、不尊重，以及不把別人興趣當一回事的態度，再寬容地理解對方的情緒與反應，自然就可以遠離妳所謂的「幼稚」行爲。

換句話說，妳所謂的「幼稚」其實是一種反抗，而這樣的反抗來自妳的決定與行動。當妳希望老公不要要幼稚時，等於希望他不要反抗，那麼最佳的處理方式正是承認自己的過錯，並一一列舉哪裡出了問題——可能是缺乏同理、擅作主張，或是輕視與趣；接著嘗試了解成人收藏玩具公仔的動機與目的，藉此在自己與他人的世界之間，開啓一扇通往彼此靈魂的大門。

這樣必定可以實現妳的願望——得到一個成熟的老公。

成熟的，厭世國文老師

四十歲了，還母胎單身

親愛的厭世國文老師：

今年十月，我就要四十歲了，可是一直交不到女朋友，也似乎沒有什麼異性緣。上次好不容易約了個女生出去看電影，但我只不過是說自己比較喜歡長頭髮的女生，對方就忽然發脾氣。我到底做錯了什麼？是不是永遠沒辦法談戀愛了？

——半熟男

親愛的半熟男：

就一個男性人類的生命週期而言，四十年似乎是一個關卡。

你可以用Google搜尋一下「四十歲男人」，後面接著的詞語和句子有：工作、心理、身價、別剩一張嘴、中年危機，還有喜歡的女人。

因此，你大概不用感到孤單，天底下四十歲的男人們，彷彿彼此說好了一樣，註定出現不可告人的焦慮與恐懼——所以只好從網路搜尋答案。

按道理，你在年輕時曾犯下的錯誤，到了四十歲這個年紀，應該都有辦法避免，或是不再因爲同樣的問題煩惱。

當然，我知道依舊會有新的錯誤與問題，但像是如何談戀愛這種事情，你怎麼沒在二十多歲、年輕帥氣又有活力的那段日子裡，釋放所有的愚蠢與瘋狂，然後從後悔與矛盾中成長，進而理解與異性相處的合適方式？

關於四十歲的危機，孔子的說法有點殘酷：**「年四十而見惡焉，其終也已！」**這裡有兩種解釋，第一種是「四十歲還被討厭，那你沒救了」；第二種則是「四十歲還做壞事，那你沒救了」。

不管從哪一種解釋來看，孔子的嚴肅叮嚀都是爲了穩定個人與群體的關係，希望個人的行爲不要破壞群體的和諧狀態。尤其在四十歲之後，已經沒有什麼人願意提醒你改正，甚至願意原諒你的錯誤；畢竟這個年紀已經到了一個理應知道什麼該做、什麼不該做的時間點。

然而你卻因爲不知如何和女生相處，而使自己陷入困境，甚至沒有能力做出反省與檢討，這其實是孔子無法忍受的事情。表示你在過去的四十年裡，沒有增加任何經驗、自信，以及智慧。

比起年輕時的你，你到底多了什麼東西？

回到一開始的問題。都幾歲了，竟然不知道把自己的期待強加在別人身上，是一件多讓人不舒服的事。漫畫裡的怪醫黑傑克要是看到你這個樣子，大概會直接叫助手過來：「皮諾可，這個直接電死。」

或者可以換成比較溫和的說法：你這一生就這樣子了。

四十歲的，厭世國文老師

文青不是比較受歡迎嗎？

〈 〉 Asking Johnny

親愛的厭世國文老師：

我有一個文學的靈魂，日常會讀詩、小說和散文，也會出沒在圖書館和咖啡廳，但認識的女生都覺得我很無聊，幾乎沒有太多互動，也常被句點。明明我懂得很多知識，也常思考人生道理，那些女生是不是很沒品味？

——浪漫文藝青年

親愛的浪漫文藝青年：

和你一樣，我曾經覺得自己是個文藝青年，書桌上堆疊著村上春樹、尼采、太宰治，還有歐威爾等人的作品，等到我一本《百年孤寂》可以看二十遍，但沒有一遍眞的看完的時候，才發現我不配稱做文藝青年，單純是想僞裝成有智慧的樣子。

我得出了一個結論：看起來像文藝青年，不代表讀很多書；就算讀了很多書，也未必眞的會應用在生活之中。

你已經有了一個文學的靈魂，還必須有顆入世的腦袋。

《論語．子路》：「**誦詩三百，授之以政，不達；使於四方，不能專對；雖多，亦奚以爲？**」孔子那個時候的文藝青年必讀《詩經》，其中有一個好處是能夠成爲外交人員，因爲各種外交場合裡的談判與會議，都需要引用《詩經》的文句做爲溝通的方式，若是不懂說幾句「鴻雁于飛，肅肅其羽」或「人而無禮，胡不遄死」，那麼這位外交人員的能力就很可疑了。

不過，以《詩經》做爲外交應對的技巧很難學，並非只有記憶與背誦而已，還考驗隨機應變的能力，必須依不同情況選取適合的《詩經》文句以做爲請求、拒絕，或表達意見。

無法獨自處理外交相關事務的人員，讀再多《詩經》都是白讀；同樣的，無法好好說話、閒聊，並讓對方感覺有趣的男子，就算讀過再多文學作品，也不過是一種自我感覺良好。

如果你眞的有讀書，絕對不會讓人覺得乏味，甚至把和你一起度過的時光，視爲無意義的消磨。該擔心的是你自以爲的閱讀，並沒有想像中那麼有品質，使得單薄的思維與想法很容易被一眼看穿；更別提你可能正在進行「複製」和「貼上」的動作，重複搬運大量訊息到別人面前，根本沒有經過消化與吸收，期待中的良好溝通自然也就不存在了。

人們通常認爲，知識會成就一個人，這是因爲他理智、學問廣博，以及自信。這種觀念並不完全正確。擁有知識的人之所以成功，關鍵在於他有辦法運用知識解決問題、經營人脈，還有拓展生命的視野。

讀書能提升個人的品格與智慧，大多數人也都喜歡與這樣的人相處，即使遇到無話可聊的窘境，也懂得先反省自己有沒有說錯話、做錯事、表錯情，而不是檢討別人沒有品味。

閱讀的，厭世國文老師

跟女生交往，是不是一定要有車？

Asking Johnny

親愛的厭世國文老師：

我是臺北人，出門習慣搭大眾運輸，不論去哪裡，都有公車和捷運可以坐；就算是其他地方，騎機車也可以到。但女友總抱怨我沒有汽車，什麼下雨天很麻煩啊，頭髮會被風吹亂啊之類的。可是臺北開車停車也很麻煩啊！現在她吵著要分手，難道我真的要因為她去買一輛車？

——豪邁 125

親愛的豪邁 125：

當別人要求自己做不願意做的事情時，我們常覺得對方傲慢、敏感，或者虛榮，內心難免堆疊不滿的情緒。關於被女友要求買車，你彷彿聽到網路上的一句名言：「寧願在汽車上哭泣，也不願在機車後座放空。」尤其是這種需要考慮經濟能力的狀況，再加上他人的情感勒索，更容易感到委屈與憤怒。

孔子也遭遇過類似的狀況，同樣是情感勒索，不同的是你被要求買車，他則是被拜託賣車。

《論語．先進》提到孔子最喜愛的學生顏淵過世，顏淵的父親問孔子：「能不能賣掉你的車，換錢幫我兒子買棺材？」（顏淵死，顏路請子之車以爲之椁。）古代的棺材有兩層，外層稱「椁」，內層叫做「棺」，顏淵的父親想買的是外層「椁」的部分。

可以理解身爲父親的心情。喪禮對還活著的人來說很重要，藉著盛重、虔誠的儀式，希望死者可以好好離開。但顏淵的家境向來在貧窮線之下，別說盛重、虔誠的儀式，大概連棺材都買不起，只能拜託小孩的老師幫個忙，看能不能有個外層的椁就好，假裝裡面還有一層棺，反正其他人也看不出來。

面對如此令人難過的請求，孔子拒絕了。

理由有兩個：一是自己兒子孔鯉過世時也沒有賣車買椁；二是曾在政府任官，依禮法該搭車出門。

不管多心疼優秀學生顏淵的死亡，孔子依舊遵守禮的規範，說得再準確點，就是——遵守自己一生的理想。

不知道那時顏淵的父親做何反應？但好幾個月過去後，他給孔子送來了祭祀顏淵用的「祥肉」。聽到敲門聲，孔子走出來、拿肉，回到房間，彈起琴，可能正以琴聲掩飾自己難過的哭聲吧，最後慢慢把肉吃下去。

事實上，沒有不能拒絕的要求。要不要因爲女友的抱怨而買車，買車之後又對自己會產生什麼影響，你需要在乎的是自己的原則和信念，以及考慮該如何向對方表達比較恰當。

無論如何，你都該像孔子拒絕顏淵的父親那樣，附上充分的理由，女友如果理解你，即使當下不開心，幾個月後也還是會爲你送上一份炸雞排的。

有車的，厭世國文老師

失戀要不要去KTV？

親愛的厭世國文老師：

朋友失戀了，因為她交往七年的男友決定和她分手，理由是彼此個性不合。看她每天都很消沉的樣子，我和幾個朋友計畫帶她去KTV唱歌。這個方法是不是很棒？

——板橋鄧紫棋

親愛的板橋鄧紫棋：

妳的朋友唱歌會哭嗎？如果會哭，那先不要。

KTV是個凝聚群體關係與釋放情緒的地方，在封閉的空間裡，彷彿得到可靠安全的保護。孔子要是活在現代的話，你將在包廂裡見到一名高大的男子，就這樣靜靜地聽著大家唱歌。如果有人唱歌像《哆啦A夢》裡的胖虎一樣難聽的話，孔子會露出尷尬又不失禮貌的微笑；但若聽到會讓自己耳朵懷孕的歌聲，則會大喊：

「安可，再來一首。」

接著拿起麥克風，跟著嗨唱一波，當起合音小天使，完全不介意結帳時被當成分母：不但沒點半首歌，還要共同分擔費用。

《論語》如此形容：**「子與人歌而善，必使反之，而後和之。」**妳和失戀的朋友唱歌時，如果像孔子一樣要她多唱幾首，並適時在旋律中加入自己的歌聲伴唱，一起沉浸在音樂裡面，應該可以幫她重新獲得快樂的動力。

但是，孔子大概不希望妳在哭的時候唱歌。《論語》提及：**「子於是日哭，則不歌。」**要是當天哭過的話，那就別唱歌了。有人認爲這裡的哭是「弔喪之哭」，剛從喪禮致意回來，怎麼好意思直接點播張惠妹的《三天三夜》？

我知道喪禮和失戀不一樣，不過從別的角度來看，拋棄自己的男友就跟死掉沒兩樣，滿値得爲他弔祭一場。

妳或許覺得「失戀就是要痛哭高歌一回」，先是幫她點一首《分手快樂》，再看著朋友泣不成聲的樣子，即使完全感覺不到哪裡快樂，卻始終相信，快樂將在痛苦後出現。

不過很抱歉，「既歌又哭」和「既哭又歌」不是儒家的傳統。由於哀傷的情感仍餘留在心中，無法唱出動聽且完整的歌曲，除了不能藉此得到愉快的享受，原本應有的價值也會消失。

畢竟，整首歌都在「嗚嗚嗚……」的話，這不叫唱歌，而是哀號，那還不如大聲哭就好。

「傷心的人別聽慢歌。」孔子和五月天想到的應該差不多。

音癡的，厭世國文老師

有必要在實體書店買書嗎？

Asking Johnny

親愛的厭世國文老師：

我上週和女友吵架了。女友很喜歡看書，每次都會到實體書店購買，順便再拍幾張網美照。但身為精打細算的金牛座，我覺得在網路上買書的折扣比較多，長期下來也能省不少錢，沒想到女友覺得我太計較。你覺得我的想法有錯嗎？

——金牛座男孩

親愛的金牛座男孩：

實體書店的書少有折扣，那是因爲附加上硬體設施與人力成本後的結果，你一方面享受書店營造的優雅氛圍與親切服務，一方面卻不願意付出多一點金錢購買書籍，這的確可以說是「精打細算」。

不過，我要提醒你，人類本性就是喜歡獲得好處，看到價格標籤旁標註七九折、六五折時，會覺得獲得了實質的補償或回饋；但除此之外，還有更多你不容易看見的隱形好處——拍網美照上傳社群媒體。你的女友很可能就是發現了這點，才覺得必須在實體書店購書。

孔子說：「**古之學者爲己，今之學者爲人。**」這段話不是批評以前的人讀書比較自私，並讚美現在的人讀書是爲了社會大眾付出，而是揭示讀書這件事在時間的變化下，出現了本質上的差異——自我成長，或向他人炫耀。

這是孔子從時間長河裡觀察到的現象，並藉此探究眞正的學習者應具備什麼樣的條件。他發現，讀書的動機、目的、態度、想法，以及行動，逐漸從個人道德智識的培養，轉向一種裝飾自己的方法。

換句話說：以前的人讀書是想讓自己變得更好，現在的人讀書則是想讓別人以爲自己更好。孔子在這裡並沒有提出進一步的解釋，但從荀子〈勸學〉篇的說法可以推測，在「爲己」和「爲人」之間，孔子應該是反對後者居多。不要總是問老師「學這個能不能賺到錢」或「念哪個科系薪水比較高」，而要想想學了這些東西，有沒有機會讓自己成爲更好的人——明辨是非、澄清價值。

所以，你說女友喜歡看書、購書，這符合「爲己」，願意從紙本上的文字，找到關於生活的信念與價值；在書店拍網美照則是「爲人」，想告訴社群媒體的追蹤者：「我既美麗，又聰明。」即使這可能是孔子不贊成的，但能夠同時兼具古今學者的特質，大概也不會是什麼太糟糕的事情。

在網路書店，你省下的是那一點折扣後的金錢；但你的女友卻在書店裡得到了自信、勇氣，還有智慧。誰比較值得學習，我想應該不用再多說了吧！

買書來不及看的，厭世國文老師

伍
職場有點忙

好像被同事討厭了，
怎麼辦？
不如鄉人之
善者好之，
其不善者惡之。

工作上不懂的地方到底要不要問？

Asking Johnny

親愛的厭世國文老師：

我大學畢業沒多久就找到現在這份工作，目前正處於試用期，但我實在搞不懂到底要怎麼跟主管相處。上次問他問題，他要我自己想；沒問就去做，卻又被罵怎麼沒問他。現在到底是怎樣啦？

——上班族初心者

親愛的上班族初心者：

你搞錯了，重點不是你有沒有問題，而是隱藏在背後的動機。站在主管的立場來看，你不是問問題，而是放棄尋找答案；你不是沒問題，而是假裝知道答案。

雖然「問題」這個詞彙，容易讓主管聯想到你是個麻煩製造者，但若有疑問，卻沒有即時獲得協助與處理，很多時候反倒會造成更難解決的困擾。想知道什麼時間、地點、事件及對象適合提問，關鍵在於：你有多想得到答案。

孔子很想得到答案。在《論語．八佾》中提到「子入大廟，每事問」，他一進入祭祀周公的廟裡，就像小說《哈利波特》裡的妙麗一樣，動不動就舉手表達意見。但與妙麗相反的是，孔子並沒有說出答案，而是提出問題。

這種做法，遭到其他人的批評：

「誰說孔子懂禮，笑死。」

「不是很厲害嗎？」

「連我阿嬤都會了。」

如果是你懂的事情，何必要問；如果你問了，那就代表你不懂。

這些人會說孔子「知禮」，代表對他也有相當程度的認識，應該可以算是那時孔子的黑粉吧！面對這些言語霸凌，孔子說：「是禮也。」酸民你們走開啦！問問題就是一種禮，今天如果不事事都問，反而無法表示重視與謹慎，又怎麼能顯現個人對於周公的尊敬與崇拜？

粉絲參加偶像的簽名會前，會先熟悉當天的規則與流程，遇到不懂或模糊的說明，一定會找人問個清楚，非要找到正確答案才會放心。

換成是你，有沒有在剛進公司的時候迅速熟悉工作的內容，並找到可以提醒自己的前輩同事？又是否以重視與謹慎的態度，處理每一件被交辦的業務？

若以孔子的做法，你當然要問；即使會被罵，還是要堅持問下去。但你必須明白，之所以想得到答案，不僅是爲了解決工作上的困難，更是展現你對這份工作的愼重態度，希望公司的運作因爲有你而更順利。

不過，主管常有一種不切實際的願望，認爲新進員工就該是即戰力。工作就是戰場，沒有士兵會在硝煙中問問題的。

怕被罵的，厭世國文老師

主管愛生氣

Asking Johnny

親愛的厭世國文老師：

直屬主管喜怒無常，真的好恐怖，有時候甚至會被他人身攻擊。他還會對大主管說，是我的問題，才會導致進度落後；而且後來發現很多人都被他弄過。我該如何自保才好？

——低階辦事員

親愛的低階辦事員：

我們之所以害怕情緒失控的人，是因爲他們隨時會破壞社會秩序、做出違背常理的行動，更讓人難以預料自己會不會受到傷害。公司主管若正好屬於這種類型的人，那種壓力更是無比巨大——階級與地位越高，情緒失控帶來的傷害也越強。

如何展現你在職場的成熟度，避免與主管衝突或挨罵，除了用「OK，好」取代髒話之外，這裡提供你生存下去的兩種心態：戰鬥或逃跑。

《論語．衛靈公》中，孔子提及史魚和蘧伯玉兩位衛國的政府官員。孔子先是以「直哉」形容史魚，認爲他就像是一支銳利剛硬的箭，隨時可以刺穿虛僞與醜惡。光明的時代，史魚如箭；黑暗的時代，史魚亦如箭。

有趣的是，接下來孔子用「君子哉」形容蘧伯玉，認爲他「**邦有道，則仕；邦無道，則可卷而懷之**」。意思是在光明的時代，蘧伯玉保護國家；在黑暗的時代，蘧伯玉保護自己。

理論上，孔子鼓勵人們追求目標、展現才能，並承擔責任；但他也認爲在某些狀況下，逃避雖然可恥，但是有用，應該適時調整自己的思考與行動。

堅持信念很了不起，可是堅持也有個極限；一旦超過極限，人就會像拉扯太久的橡皮筋一樣斷裂。我總認爲孔子是個溫暖的人，他嚮往人性的強悍處，也關心其中易碎裂的部分。

人們是有選擇的，可以戰鬥，也可以逃跑；可以勇敢，當然也可以軟弱。

就像角色扮演類的電玩遊戲，在冒險的旅途中，要是不幸遇到強大的 BOSS 級怪物，畫面有時會跳出「戰鬥」或「逃跑」的選項，讓玩家評估自己的等級、裝備或技能，以判斷什麼決定有利於現況——打得贏就打，打不贏快跑，下次還有重新再來的機會；若只想靠著熱血和意志力突破困難，反而會陷入卡關的窘境。

所以，該如何面對情緒失控的主管，好好保護自己？若是選擇「戰鬥」，就必須毫不畏懼地指出對方的問題或錯誤，捍衛自己的權益與原則；一旦彼此拉扯的日子越長，正義的你，也許可以獲得應有的尊重。若是選擇「逃跑」，那麼當你發覺情況不妙的時候，別遲疑，趕快請假回家，或是隨時準備好離職申請書。

冷靜的，厭世國文老師

終於考上正式教師了

Asking Johnny

親愛的厭世國文老師：

我在今年的教師甄試上岸了。之前已經考了四、五年，終於考上公立學校的正式教師。換了不同身分之後，想知道你有沒有什麼建議呢？

——新進教師

親愛的新進教師：

「公立學校正式教師」就是有一種魔力，讓人看起來不像從前的自己。即使工作內容都是教學相關的事項，我們還是會認爲私立和公立不一樣，正式和代理不一樣。

如果你問我怎麼想？就教師這個身分而言，到哪裡都是一樣的，不同的是環境。假使要更誠實一點——學生程度、同事品質、行政效率、長官領導風格，才是值得注意的地方，你的專業與熱忱應該不會出現太大的變化。

或許你擔心的是自己被學校影響，那麼《論語．衛靈公》中，孔子對學生子張的回答應該可以做爲你需要的建議：「言忠信，行篤敬，雖蠻貊之邦行矣。」維持行爲的一致性與正確性，即使在遙遠的地方，也該牢記這樣的原則。在孔子的世界裡，個人與他人的相互關係取決於自己，只要遵照「忠信」與「篤敬」的道德價值，便可爲實踐的人帶來好處。

即使到了新學校、換了新身分、準備進入期待已久的理想未來，依然要說話誠實有信，像是教師甄試時答應承擔學校行政工作，就必須實現這樣的承諾；若你沒有做到，便是一開始不誠實，後來還不講信用。

一樣的道理，如果你在教師甄試時的行爲舉止表現得像個有禮貌的好孩子，進來時會先敲門說「你好」，離開時會鞠躬說「謝謝」，那麼進入新學校之後，繼續維持相同的做法，是你唯一的選擇。

孔子強調，你之所以能夠順利，是因爲堅持了好的理念，實踐了好的原則。相反的，如果你沒有那些好的理念與原則，即使待在家裡也會被討厭，更別提想在外生活工作。

爲自己的言行負責，並且確認話語和行爲符合「忠信」「篤敬」的道德價值。

這不容易做到，所以孔子提醒你，應該要記得這些理念與原則，最好能如同擴增實境（AR）一樣，讓「忠信篤敬」四個大字不斷浮現在日常生活的周遭：牆壁有、床鋪有、街道有，就連車子的方向盤上都有。

子張不知道什麼是擴增實境，所以把「忠信篤敬」寫在腰帶上。

你呢？在出發到下一個階段的時候，你要如何才不會忘記初衷？

擔心被貓討厭的，厭世國文老師

選擇高薪，還是興趣？

Asking Johnny

親愛的厭世國文老師：

正準備換工作的我目前有兩個選擇：一個是薪水多的工作，但我比較不喜歡；另一個是薪水少的工作，卻是我從學生時期就很嚮往的。請問我該選哪一個好？

——倉鼠轉職中

親愛的倉鼠轉職中：

由於未來的不可預測，無論你做出何種選擇，都有一定機率無法得到滿意的結果；也因此，工作的樂趣和金錢之間，往往令人困惑與焦慮——無法知道最佳結果。

這個狀況具有引戰屬性，甚至促使人們以此做爲辨識性格特質的方式。選擇樂趣似乎會是一種道德高尚的行為，而注重金錢則像是被黃金打造成的鎖鏈囚禁，無法探索人生的眞正意義。

一般人往往錯把孔子與道德畫上等號，但並非完全如此。假如最高的道德分數是一百，大多數的人很難獲得滿分，而是零散地分布在不同的數值上，九十分、六十分、五十七分；甚至還會不斷移動，可能你昨天還有七十一分，今天卻剩下二十八分。

道德是很難控制的，其中夾藏幾千億種變數，孔子的習慣便是先聽聽這個人的狀況，然後給予相應的建議，而不是強硬地要你立刻成為完美的好人——做不到，也沒必要。

如果你眞的追求優渥的薪資，而放棄青春時期的夢想，孔子會體諒地說：「**三年學，不至於穀，不易得也。**」所謂的「穀」指的就是薪水，孔子覺得，經過三年的努力學習，還沒想要財富自由的人實在不容易見到；畢竟生活還是要過下去，怎麼有辦法要每個人都為了興趣而讀書，卻不用賺錢養家餬口呢？

從現實層面來看，孔子認為多數人會選擇高薪的工作，也並沒有對此做出批評。不過，你若是選擇自己喜愛的工作，並願意因此接受較低的薪水，孔子也會說一聲：「唉呦！不錯喔！」

既然興趣和金錢，孔子都沒有反對的意思，那你會不會以爲我想叫你追逐夢想，只要是自己喜歡的工作，薪水再少也願意去做？

錯了！

你應該選擇薪水多的工作。人們往往不願意爲了薪水工作，但薪水卻有可能讓大家拚命找到這份工作的優點；反過來卻未必如此，薪水的高低，很難因爲你的喜愛程度而有變化。

我向來喜歡加入人數多的那一邊，不愛錢的人留給孔子讚美就好了。

每次看到那些不用費力就可以賺錢的工作，都想問：專業在哪裡？道德在哪裡？公司地址在哪裡？連絡方式在哪裡？

沒錢的，厭世國文老師

用老師的名字為自己護航

Asking Johnny

親愛的厭世國文老師：

由於工作的關係，我參加了一個LINE群組，裡面有成員懷疑我負責的項目，認為用來描述的文字內容不夠精確。但主理的老師已經審閱過了，一定不會有問題，所以我留言請對方不要質疑，並且說明上述理由，沒想到卻被老師要求收回文字。我到底做錯了什麼？

——積極小幫手

親愛的積極小幫手：

「吾愛吾師，吾更愛眞理。」古希臘哲人亞里斯多德的這句話，顯然不會成爲你願意寫在筆記本上的格言。

回應對方的疑問絕對沒問題，畢竟這是你工作的一部分，但你卻用了很糟糕的方式——提到老師的名字，以此做爲否定對方的理由，不僅讓人覺得態度過於強硬，也無法解釋文字敘述模糊的狀況。

很多時候，群組訊息揭露的是各種情緒，而不是意圖。在網路世界裡，我們之所以要謹慎發言，並非因爲恐懼他人的批評，而是擔心自己眞實的一面被發現；更別提在你以老師的名銜做爲解釋的那瞬間，你可能一不小心就把老師擺放到最顯眼的位置。

無論你是否相信，但群組成員們會把錯誤聯想在老師身上，你反而因此從錯誤中脫身。

曾有人問孔子的學生子路：「你老師做人如何啊？」但子路沒有給對方任何回應。後來孔子知道這件事，忍不住對子路說：「你怎麼不這樣回答他啦！」接著便提供自己的答案：「**發憤忘食，樂以忘憂，不知老之將至云爾。**」

我這裡的重點不是孔子做人好或不好，而是爲什麼「子路不回應」：是不能、不想、不敢，還是覺得不適合？明明在《論語》裡，最愛搶先舉手發表意見的就是子路，忽然間謹愼起來，其中一定有特別的理由。

我本來覺得子路有點天然呆，可能眞的不懂怎麼向外人形容老師；後來才理解，他認爲自己不能輕易代替老師作答，尤其是可能牽涉到人格特質的時候——你永遠不知道老師要向對方隱藏或揭露哪一張臉孔。

幫老師作答都不行了，何況是用老師來作答。

現在已經是網路時代了，LINE 群組動輒數百人，大多陌生、疏離，以及不熟悉，你怎麼會想把老師推向如此陌生的人群之前，只爲了替自己的工作做出證明？

或許，你太愛自己的老師，甚於眞理。希望我的學生不要這樣。

害羞的，厭世國文老師

頭銜重要嗎？

Asking Johnny

親愛的厭世國文老師：

一個人的頭銜重要嗎？常看到很多人曬自己的名片，誇張的像是「藍寶石領袖」和「白金級董事」，我看不懂的則有「靈魂建築師」和「未來冒險家」。甚至有人的名片上印有七、八個頭銜，這樣做到底有用嗎？

——客服部敝姓王

親愛的客服部敝姓王：

頭銜很重要。

在《三國演義》第三十七回，劉備首次拜訪諸葛亮住所，面對前來開門的小童，他做了這樣的自我介紹：**「漢左將軍宜城亭侯領豫州牧皇叔劉備特來拜見先生。」**聽到一大串名號，小童大概以為有很多人要來，誠實地說自己記不得這麼多名字；雖然眼前不過就只有劉備和他兩位結拜兄弟——關羽和張飛。

面對一般人，我們通常不會刻意展現自己的頭銜，除非是希望獲得他人的尊敬，因爲那標誌著自己的身分、專業，或是職業。正如劉備向小童報出好幾個稱謂，什麼左將軍、皇叔的，聽起來就很威風。

換做是我，頂多擁有高中國文老師兼導師、博客來鑽石會員這樣的頭銜——非常無趣。

孔子曾回應子路的一次提問，認爲在衛國治理國政的第一步，必須要先「正名」（**子曰：「必也正名乎！」**），以梳理政治社會制度中身分與行爲之間的關係。不論是建立掌權者的合法性，以確保政府能執行命令，或是控制人民，使其願意遵守法律規定，皆要從「正名」開始。

然而，子路卻說：「老師太古板啦！名有什麼好正的？」似乎覺得這種做法流於形式而沒有實質意義，不如看哪一個「妹紙」好正還比較有價值。就像那些被創造出來的頭銜，何必浪費時間去矯正與改善，他們想要多浮誇、多聳動，多不可思議都沒關係，把精神投注在實際的行爲就夠了。

孔子卻不這麼想。頭銜是第一張骨牌，假使沒有穩定地直立，那麼後面幾百、幾千張骨牌將隨時處在傾倒的危險中。

更準確地說，那張名爲「頭銜」的骨牌，必須要有應盡的責任做爲支撐，才能如預期般屹立不搖。所以，無法名實相符的頭銜，孔子也是反對到底的。

「你不懂，就不要亂說。」孔子責備子路的無知與輕率，愼重地解釋正名的重要性，就是避免言語、工作、禮樂、刑罰等骨牌相互碰撞，最後壓垮人民對政府的信任。

同樣的，頭銜的力量來自於專業與責任，若你沒有相應的能力，那麼頭銜便會成爲一頂過大的帽子，既遮擋了你看向未來的視線，也無法助你辨識現在的處境，最後壓垮別人對你的信任。

至於七、八個頭銜是不是太多，我覺得除非你是《冰與火之歌》的龍之母丹妮莉絲，否則眞正有用的稱號將是你的名字。

邪惡貓咪僕人、鏟屎官、貓砂守衛者、你忠誠的，厭世國文老師

我被同事討厭了嗎？

親愛的厭世國文老師：

在公司等電梯時，有一位同事本來也要搭，但一看到我，馬上轉頭改走樓梯；拿文件資料給我的時候，態度也都很冷淡。上次那位同事揪團訂飲料，全辦公室只有我沒跟到。我是不是被討厭了？好難過。

——弱氣のOL

Asking Johnny

親愛的弱氣のOL：

好的，你是被討厭了。

然後，我不太確定對方是不是這麼想，但討厭一個人時，通常會有意、無意地讓他知道，除非那個討厭的人擁有較高的地位與權力，或是因為其他不為人知的考量，所以不願在這個時候得罪對方。否則假裝表面的和平也很需要意志力，對待不重要的討厭鬼，又何必克制自己情緒？

因爲如此，把你當隱形人，或是邊緣化你的存在，你絕對可以感受得到，而這樣的感受往往接近事實。

現在我這樣說，你一定感覺很挫折，但孔子會有不同的意見：被其他人討厭是再正常不過的事情，應該要注意的是：什麼樣的人討厭你？

《論語．子路》記載了一則子貢和孔子的對話。

「老師，大家都喜歡這個人，你覺得怎麼樣？」

「這樣不行。」

「老師，大家都討厭這個人，你覺得怎麼樣？」

「這樣也不行。」

子貢大概心裡浮出許多問號，因爲一個人被群眾喜歡或討厭，通常代表這是經過集體確認後做出的肯定或批評，如同多數決，應該是相對可信的吧。

可是，孔子並不認同子貢這種做法足以辨識一個人的質地，於是修正了自己學生剛剛提出的問題，並進一步做出補充：「不如鄉人之善者好之，其不善者惡之。」只有單方面的評價是不夠充分的，必須再加上群眾的道德做爲條件輔佐判斷，認爲要能有很多好人喜歡，也有很多壞人討厭，這樣才對，畫出非常明顯的界線——在好與壞之間。

那你為何要因為一位同事討厭你而感到難過呢？真的不必如此悲觀。現實中，如果那是一個爛人，被討厭當然沒關係，說不定還要覺得有點慶幸；就算是好人，依舊別放在心上，一樣米養百樣人，團體裡的私人恩怨也是很常見的事情。除非像這種的好人很多，而你又被他們排擠與邊緣，那就要想一想到底是什麼原因。

你可以再觀察有沒有其他的好人喜歡自己。這是因為別人的笑容常常能成為生活和工作的補充能量，多獲得一點有價值的肯定，和多一點正向的鼓勵，才有在職場繼續努力的勇氣。

不是要你過度在意他人的眼光，而是若想知道自己有沒有站錯位置，偶爾需要看看別人站在哪裡。

疏離的，厭世國文老師

時代不一樣了嗎？

Asking Johnny

親愛的厭世國文老師：

一位新聞系學生到公司應徵工讀生，我看她的知識和能力都很出色，對政治也有敏感度，所以決定錄取她。但她卻以從家裡到公司的交通不便為理由，婉拒了這個機會。這份工作對職涯很有幫助，換成以前的我，絕對會馬上答應。是不是時代不一樣了？

——內湖老陳

親愛的內湖老陳：

時代不一樣了，這是當然的；或者，你是在指時代底下的人不一樣。而這樣的差異有著高下之分。

孔子認為，時間依循一定的軌跡前進，發展出從過去、現在到未來的必然性與連續性。雖然時代不一樣，但我們可以從過去的經驗，預測未來的狀況；也可以從現在的經驗，推論過去的狀況。

《論語．爲政》中，孔子這樣回答學生所提出「是否能知道未來」的疑問：

「殷因於夏禮，所損益，可知也；周因於殷禮，所損益，可知也；其或繼周者，雖百世可知也。」

夏、商、周三代的禮儀制度彼此承襲、模仿與變化，就像蘋果手機的演進，我們會從過去的各種型號進行比較，找到其中的特色與亮點，甚至預測下一代型號會具備什麼樣的功能。

確實，時代不一樣，人們也不一樣。因爲人們是時代的一部分，而所有的社會、文化、思想，還有價值觀，都是時間不斷延續發展的產物，所以孔子只說「損」和「益」，論及制度規範是增加還是減少。他並沒有特別強調這裡有好壞的分別，只是試圖從時間與社會發展的關係告訴學生：「是的，我們可以預測未來。」

過去、現在、未來三者環環相扣，觀察與思考人性時，如果漏掉這一點，那就太愚蠢了。過去的你會爲了工作，付出更多的通勤時間，現在的學生則不會如此。

這可能代表某些事物的增加與減少，造成了整體考量的改變，於是你和對方各自得出相反的結論。

再把時間拉得更長遠一點，你應該可以知道，之後的每一個世代，都會有不同的答案，而這也來自於你創造過的歷史。

既然你知道現在與未來的一切，都與過去有關，就更要注意自己參與其中的時間，並思考究竟是什麼原因造成現在與未來的發生。

換個角度想，學生不願意付出更多通勤時間，你也不願意付出更多的薪水待遇。你大概無法改變學生的想法，但絕對可以調整自己的做法：爲什麼不多給點錢呢？假如你眞的這麼在意那位優秀的新聞系學生。

自己開車的，厭世國文老師

辦公室的同事很蠢

Asking Johnny

親愛的厭世國文老師：

我在公司裡是個基層主管，但我的部屬很廢，交代的工作常沒做好，有時還越做越錯，怎麼說都說不聽，依舊用錯誤的態度和方法做事，還敢跟我說去年那樣做就可以，今年為什麼不行？啊你是今年沒領薪水嗎？真的很氣耶！

——崩潰小科長

親愛的崩潰小科長：

上班讓人痛苦的，除了工作，還有你遇到的同事。尤其是你必須帶領整個團隊拓展業務時，團隊中同事的能力高低，往往也決定了工作難度的高低，你的崩潰可想而知；當大家投注心力在自己負責的業務時，實在很難有辦法協助他人。

既然你已反覆提醒部屬應該注意的事項，對方卻依然沒有任何改變，那麼這時你的心態可能要稍微修正一下，確認眼前的人是否有意願調整自己的想法，以及他是否能接受不同的意見。

裝睡的人，永遠叫不醒；裝傻的人，永遠教不會。

《論語・顏淵》記載：「**忠告而善道之，不可則止，無自辱焉。**」雖然這句話原本是孔子用來回覆子貢關於交友的問題——他大概也有和你類似的困擾：認識的人堅持犯錯、絕不改過。

無論是朋友或同事，難免會出現錯誤的決策與行動，如同不小心釋放鐵籠中巨獸的蠢蛋，不僅可能害自己被咬死，也會連累身邊其他人。這使得你必須像個電影裡的英雄一樣，鼓起勇氣站出來打倒巨獸，並挽救自己的夥伴和那位蠢蛋。

好好說話，好好引導，溫柔而堅定地勸告對方，指引正確的道路和方向。不過，凡事總有個極限，你是好朋友、好同事，卻不需要做一個無條件付出的爛好人。對方如果眞的聽不進去，也無力完成你的期待，那就放手讓他一個人沉浸在自己的小世界吧。

孔子嚴肅地叮嚀：「不聽就算了啦！否則丟臉的會是你。」千萬別強硬地改變別人，否則你在對方眼中，將會成爲另一種巨獸，正摧毀屬於他的城堡，讓他毫無容身之處。

即使你有做好事的動機，但結果是不是被認爲好事，並非可以由你決定。提醒一次，他當你好意；提醒兩次，他當你關心；提醒三次，你像是把他當白癡；第四、五、六次，他就必須生氣、反駁，以及對抗，用以維護僅存的尊嚴。

因此，如果提醒同事的次數到達你預設的極限，那就剩下兩個選擇：幫他補救，或是請他離開。我個人建議後者，反正你都註定被討厭，也沒多差這一次。

狠心的，厭世國文老師

該不該推工作？

Asking Johnny

親愛的厭世國文老師：

新的學年度，學校的教務主任找我擔任教學組長。這個職務讓我壓力很大，光是想到要排全校的教師課表，就讓人覺得頭痛；而且某些老師還會有特殊要求，最後造成課表難產。主任說，如果我拒絕的話，我必須再找其他的老師代替。想請問這樣好嗎？

——菜味很重的沙拉老師

親愛的菜味很重的沙拉老師：

老師是整所學校運作的核心，爲了讓學校業務順利推動，學校各處室的主任和組長，經常由老師擔任，希望他們能輪流扮演教育工作者和行政人員的角色。

現在你面對的難題是：可以拒絕，但有條件。條件是你要自行尋找替代的人選，讓別人承擔你不願意接受的組長工作。往好處想，或許眞的有人充滿熱忱與服務精神，希望能以教學組長的身分，積極協助學校的老師與學生，而你的詢問正可以達成媒合的功能，幫主任找到未來的組長。

但我必須告訴你：千萬不要。

即使結果可能是好的，你也不該付諸行動。孔子曾兩次提到以下這段話：「**己所不欲，勿施於人。**」分別回應子貢和仲弓兩位學生。前者提的問題是「有沒有可以當成人生座右銘的話」，後者則是想知道「什麼是仁」。

「自己不喜歡的，不要給別人。」除了代表個人處理日常生活的通則，還意味著要和群體社會保持穩定的連結；爲了避免穩定的連結被破壞，必須先檢驗自己的主觀感受。這無關乎對群體社會的觀察，而是由內在情緒推向外部環境，保守地預測群體社會的反應——因爲我不喜歡，所以群體裡可能也有人跟我一樣，但我無法確認哪些人不喜歡，哪些人喜歡，只好當成大家都不喜歡，這樣才是最安全的做法。

或許，你會覺得只要確認對方想法不就好了，至少可以問問看吧！有問有機會，不是嗎？很抱歉，一樣不行。

假如你的職位高，別人會不敢拒絕，就像你不敢完全拒絕主任所有要求；又或是你個性強硬，對方不知道該怎麼拒絕；甚至你的態度友善，也可能造成對方不好意思拒絕的狀況。

只要有任何強加自己意願在對方身上的可能性，就不該做出這樣的詢問，所以孔子也不會認爲要「己所欲，施於人」，你喜歡的不見得別人也喜歡；你不喜歡的，更不該覺得別人可能喜歡，而是要想著萬一對方不喜歡怎麼辦。這就是一種發自內心的體貼，以此避免造成人際關係的緊張。

至於主任對你是否體貼、是否在意你們關係的緊張，我想大概沒有吧！否則不會讓你連選擇拒絕，都要設置一個令人爲難的條件。

痛苦自己吞下的，厭世國文老師

助理彼此不合，有夠煩

Asking Johnny

親愛的厭世國文老師：

我是某個地處偏遠的小公司主任，這邊只有兩位助理，一老一菜，可是超級不合。平常都各做各的，絕對不聊天；就算工作上有事情需要溝通，氣氛也都很差。老鳥助理還曾經叫我坐下來，直接跟我數落菜鳥助理的不是。我有幫兩方都說一點好話，但到現在她們兩個還是極度不合，我該怎麼辦？

——奶昔大姊

親愛的奶昔大姊：

人與人相處時，總是會有一些過剩的負面情緒，從忙碌生活的縫隙中溢出，職場上尤其如此。溢出的情緒，若沒有及時擦拭乾淨，很容易造成職場關係的惡化，使得主管與部屬、同事與同事之間，出現衝突、對立、分裂、互相輕蔑，以及工作效率低落等狀況。

身爲主管的你，面對資深與資淺兩位助理的爭執，應當負有擦拭那些負面情緒的責任。就孔子而言，領導與管理的重點，不在於支配與駕馭部屬，而是對眾人敞開心胸，溫柔地包容與接納各種雜音，展現自己應有的人格高度。如此一來，其他人自然會願意遵守主管的指示與命令。

不過，現在才要求你爲了管理部屬而開始修養身心靈，未免太晚了一點，或許你可以嘗試孔子學生——子游的做法：試著在公司舉辦卡啦ＯＫ歌唱活動，或在午休時間放個音樂來聽。

《論語．陽貨》提到，子游擔任武城長官時，孔子曾經帶一些學生來此地參訪，應該可以算是他們的校外教學吧，總之就是讓這些小學弟，有機會觀摩與學習子游學長的行政工作。

抵達武城時，孔子聽到不遠處傳來彈琴、唱歌的聲音，他忍不住嘴角微微上揚，笑著說：「**割雞焉用牛刀？**」認爲治理這種小地方，竟然還需要用到音樂和禮儀，實在太不可思議了。

「不要浪費才能，好嗎？」孔子或許覺得子游應該去更大的城市，照顧更多民眾，在武城這種小地方無法充分發揮他優異的才能。

子游聽到老師的評論，非但沒有覺得開心，反而還嚴肅地說：「這跟老師你當初說的不一樣。」之前上課時，孔子明明提過「**君子學道則愛人，小人學道則易使也**」，如果子游有帶上課筆記，現在一定想馬上掏出來給孔子看。

子游記得很清楚，禮樂具備一種效果，也就是能使機構或組織的關係和諧，從身心緩和中創造人與人相處的模式。

子游一定覺得：好不容易考第一名，老師沒稱讚我就算了，還好像在暗示比賽太簡單，何必需要這麼努力。

「你是對的。」孔子連忙轉過頭，對那些一起來校外教學的學生們解釋：「我剛是在開玩笑啦！」

既然孔子同意可用禮儀和音樂來管理群體，那麼你不如嘗試一下，除了剛剛提到的歌唱活動、播放音樂之外，也可以建立專屬公司的工作儀式感，像是：工作例會、晉升儀式、研討會，或是讀書心得比賽之類的活動。

照這種做法，你的兩位助理，未來應該有機會減少彼此不合的情況，而且也更能凝聚他們的共識——一起努力工作，或一起討厭你。

爲什麼會討厭你？因爲奇怪的事情增加了。你會發現，他們開始懷疑那些多餘的活動是否眞的有價值；更別說那是身爲公司主任的你，親自寫在工作行事曆上的項目。不討厭你，是要討厭誰？但塑造共同敵人，應該也是凝聚員工向心力的一種方式吧？

潛移默化的，厭世國文老師

上班常被叫去做雜事

親愛的厭世國文老師：

到這家公司已經三年多了，但我常被主管交付很多不重要的雜事，像幫忙訂便當、咖啡，或是簡單的打字、影印，還有送報告，盡做些無趣的初階工作。請問我該如何重新獲得成就感？

——灰色草莓

〈 〉 Asking Johnny

親愛的灰色草莓：

每件事情都是成長的一部分。你覺得自己目前做的事情不太重要，也不容易獲得掌聲，更不認爲這能將你帶往人生的下一個段落；另一方面，過往推動你前進的力量也完全消失，於是感到沮喪，還有失望。但成長沒有停滯，只是緩慢到你難以察覺，因爲那些能幫助你的事情過於微小，藏在生活太細瑣的地方。

弔詭的是，想要發現這些小事的功用與效益，絕不是拿起放大鏡做近距離觀察，反而該像是從三萬英尺的高空俯瞰，處在相對較遠的位置，才有機會看見人生的全貌——不僅指空間的遙遠，也包含時間。

尤其是時間，你往往無法確認當下事件的價值，必須等到未來的某個時刻，才驚訝地意識到：「原來如此，所以我才會變成現在這副模樣。」

孔子曾這樣回顧過去：「**吾少也賤，故多能鄙事。**」認爲年輕的時候，由於自己的經濟條件很糟糕，爲了生活主動或被迫學習很多技能，而這些技能大多是當時貴族不願意做的「爛事」。

孔子很在乎這些被視爲沒價值的經驗；不是那種撐下去就海闊天空的心態，反而是從這些令人痛苦、怨恨、難過的事情中，重新獲得別人無法理解的能量。

爛事不會換個想法就變好，人卻有可能因爲爛事變好。

現在的一切會讓自己不一樣，不過要等到未來，才能確定究竟哪裡不一樣。

最後，孔子做了一個小註腳：「**君子多乎哉？不多也。**」不太清楚他到底是覺得君子應該多學些技能，還是最好不要「多能鄙事」。但可以肯定的是，孔子未必喜歡現在的模樣，卻仍接受過去的一切。

我們不是單調的固定形狀，僵化的生活無法滿足追求變化的心態，多元嘗試則讓我們逐漸成爲完整的人。無論是訂便當、咖啡，或各種辦公室裡的雜事，當中應該仍存在工作的美學與哲學。不要輕易把自己放進世俗框架裡，這樣你將很難獲得想要的成就感。

需要提醒一下：我不是希望你無條件接受爛事，也不是要你維持不滿意的現狀，而是那些不喜歡的事情，或許正是讓你變得更好的機會——這是一種做法，但不是唯一的做法。

所以，你都在這家公司三年了，長時間被放置在不重要的職位，也沒有受到期待中的重視。除非你有其他不得已的理由，那還是考慮換個工作吧！應該不會比現在更糟糕了。

跑腿的，厭世國文老師

跟女同事吃飯被誤會

Asking Johnny

親愛的厭世國文老師：

昨天中午吃飯時間，坐我隔壁的漂亮女同事找我去一家還不錯的義大利麵餐廳吃飯。因為那家餐廳在網路上的評價很好，所以我答應了她的邀約。結果好死不死，被平常愛聊八卦的同事看見，沒多久我老婆就知道了，對我發了很大的脾氣。請問我該怎麼證明自己的清白？

——淒厲人夫

親愛的淒厲人夫：

我很同情你的遭遇，但不免羨慕可以跟漂亮的女同事吃飯。在事情發生後，任何解釋都是藉口；在事情發生前，你的解釋才會是理由。所以你老婆會生氣也是可以預見的。

春秋時代，衛國有一位美豔性感人妻南子，她擁有國君夫人的身分，以及掌控這個國家的權力；大概就像現在雜誌上常出現的社交名媛，三不五時就上傳自己的性感照和美食照到社群媒體。也因爲這樣，她的風評不是太好，畢竟美麗又優秀的女性，往往讓人妒忌。

同樣的，高大又優秀的男性，一樣會讓人想認識，所以當孔子抵達衛國時，南子便對這位據說充滿智慧與教育愛的男人產生興趣，派人邀請孔子見面：

「給約嗎？」

對於美豔性感人妻的邀約，孔子先是抗拒誘惑，後來仍因不得已而答應——這種不得已，我怎麼沒經歷過？

孔子與學生的關係，是以強烈的道德價值判斷爲聯繫；不是孔子以自己的道德尺度衡量學生，就是學生用孔子的道德尺度衡量孔子，這讓他們的互動顯得特殊、直接，以及充滿活力。

於是，子路同學便不客氣地以情緒表達對孔子見南子一事的看法。《論語・雍也》記載：「**子路不說。**」（說，悅也）子路不爽到了極點，可能還碎念幾句：「君子？還不是愛跟正妹聊天。」

一般來說，教師的尊嚴與權威受到挑戰時，常見到的反應是尷尬、生氣或轉移話題，孔子卻沒有如此，他舉手向子路發誓：「予所否者，天厭之！天厭之！」以願意被上天討厭的賭咒做爲清白的證明，否認自己曾做過任何不道德的行爲；從更嚴格的角度來說，是連不道德的想法都不曾出現過。

「如果有做什麼壞壞的事，老天會懲罰我的。」孔子這樣對子路發誓，你可以也試試看，反正你無法證明沒做過的事，那麼只能倚靠外界的神祕力量爲自己辯護了。

幫你一個忙，當你發誓的時候，跪在主機板或樂高上，或許更能減少老婆的憤怒值。

一個人吃飯的，厭世國文老師

不想跟同事聚餐，怎麼拒絕？

〈 〉 Asking Johnny

親愛的厭世國文老師：

公司很喜歡營造「大家庭」和樂融融的氣氛，但我生性比較內向，也不太喜歡社交，結果同事或主管卻反過來說我「很難搞」或「不合群」。今天晚上又有聚餐了，我依舊想拒絕，但不知道該怎麼說才不會傷和氣？

——孤獨食人草

親愛的孤獨食人草：

下班後的聚餐，我覺得一律可以視爲延長工時。普通職員很難從群體的紀律中找到脫困的方式，而且這本該是屬於自己的時間，卻又得繼續和長官同事們相處，實在令人厭煩。這種活動的形式與目的太大眾了，也因此排擠了個人的自由。

的確，拒絕長官或同事的邀約，實在不太容易，就像孔子想拒絕陽貨的邀約一樣。

陽貨（即陽虎）是魯國季氏的家臣。當時，季氏彷彿擁有權力的魔戒，操控魯國的國政，後來陽貨承繼了這只魔戒，獲得極大的力量，使得魯國陷入黑暗深淵之中。孔子因此不太喜歡這個人，但也無法眞的逃避這個人——誰叫陽貨太喜歡孔子了。

不過即使用了很多方法，陽貨仍無法見到孔子，於是他想到一個辦法：送食物。聽起來像是大學裡的男生買宵夜給女生，只為了與心儀的對象說上幾句話。根據《論語．陽貨》的記載，陽貨送給孔子的是一隻烤乳豬。很難理解，為什麼會覺得烤乳豬可以獲得另一個人的心，而且賣相實在有點不太美觀。但孔子是個矜持又有禮貌的男人，拿了人家東西，怎麼可能不做出一點表示。

陽貨這個男人散發出危險的氣味，孔子深怕見到他之後，會發生難以收拾的結果，計畫趁著陽貨不在家的時候，跑去找他說謝謝，這樣就能兼顧禮貌與逃避。

好巧不巧，孔子竟然在路上遇到陽貨。這究竟是命運無情的捉弄，還是上天殘酷的安排？擺脫不了眼前這個高大男人的孔子，到底會發生什麼事呢？

「來，我跟你講幾句話。」陽貨向孔子招手。

「優秀的人，卻放任國家衰敗，這可算是仁嗎？」

「不可以。」孔子輕輕搖頭。

「想做事的人，卻不斷錯過機會，這可算是智嗎？」

「不可以。」孔子依舊搖頭。

「我們沒有時間了。」陽貨看著孔子緩緩說：「錯過就將是錯過。」

面對曖昧含蓄的請求，孔子心知肚明，陽貨是在邀請自己加入他的政治社群，也知道當下沒有辦法拒絕眼前這個男人，只好說：「諾。吾將仕矣。」

好啦！我會做官啦。但這絕對不是孔子真心想要的。

看起來，面對強大的權力與地位，孔子也有低頭認輸的時候，即使用盡各種方法，還是必須見自己不想見的人，聽自己不想聽的話，做自己不想做的事。

如果你想拒絕下班後的聚餐，建議你盡量把屁股黏在辦公椅上，不要抬頭、不要起身、不要走在公司的走道上，也別讓自己與長官、同事或其他人有四目相交的機會；時間一到，電腦立刻關機，不再看訊息和電子郵件，迅速打卡下班離開公司。

不給任何人有機會問你要不要聚餐，你就不會因為拒絕而擔心傷和氣了。

需要小心的是，你確實眞心想跑，但長官或同事也可能是眞心想邀約你，那肯定會遭遇孔子一樣的下場，你將無奈地說：「諾。吾將食矣。」

不過，孔子有沒有在答應陽貨之後，參與他們的政治團體？當然沒有，每個人都會抗拒或迴避對自己有害的事物。一顆巨大的石頭飛來，迅速滾到旁邊是正常的反應，你不能要求每個人都有一拳打爆石頭的勇氣或力量。

陽貨就是那顆石頭，孔子選擇的是閃開，而不是對抗，所謂的「諾。吾將仕矣」只是說說而已，沒有眞的要去做官。

因此，你答應要去聚餐，好像也可以只是說說而已。

唯唯諾諾的，厭世國文老師

原文出處

壹．學校有點難——可以不讀書嗎？

害怕徒勞無功

．子路從而後，遇丈人，以杖荷蓧。子路問曰：「子見夫子乎？」丈人曰：「四體不勤，五穀不分。孰為夫子？」——《論語．微子》

．明日，子路行以告。子曰：「隱者也。」使子路反見之。至則行矣。——《論語．微子》

．子路曰：「不仕無義。長幼之節，不可廢也；君臣之義，如之何其廢之？欲潔其身，而亂大倫。君子之仕也，行其義也。道之不行，已知之矣。」——《論語．微子》

志向一定要遠大嗎？

．顏淵、季路侍。子曰：「盍各言爾志？」子路曰：「願車、馬、衣、輕裘，與朋友共，敝之而無憾。」顏淵曰：「願無伐善，無施勞。」子路曰：「願聞子之志。」子曰：「老者安之，朋友信之，少者懷之。」——《論語．公冶長》

要不要參加暑期輔導？

・孔子曰：「吾非此之問也。徒謂以子之所能，而加之以學問，豈可及哉？」——《孔子家語．子路初見》

反正不公平，所以我也想作弊！

・在陳絕糧，從者病，莫能興。子路慍見曰：「君子亦有窮乎？」子曰：「君子固窮，小人窮斯濫矣。」——《論語．衛靈公》

考試前失眠，怎麼辦？

・子謂顏淵曰：「用之則行，舍之則藏，唯我與爾有是夫！」子路曰：「子行三軍，則誰與？」子曰：「暴虎馮河，死而無悔者，吾不與也。必也臨事而懼，好謀而成者也。」——《論語．述而》

分組報告可以自己一組嗎？

・子曰：「三人行，必有我師焉。擇其善者而從之，其不善者而改之。」——《論語．述而》

堅持或放棄

・長沮曰：「夫執輿者爲誰？」子路曰：「爲孔丘。」曰：「是魯孔丘與？」曰：「是也。」曰：「是知津矣。」——《論語．微子》

・子路行以告。夫子憮然曰：「鳥獸不可與同群，吾非斯人之徒與而誰與？天下有道，丘不與易也。」——《論語．微子》

好不想去畢業旅行

・孔子不得行，絕糧七日，外無所通，黎羹不充，從者皆病，孔子愈慷慨講誦，絃歌不衰。——《孔子家語．在厄》

誤會學生上課玩手機

・孔子嘆曰：「所信者目也，而目猶不可信；所恃者心也，而心猶不足恃。弟子記之，知人固不易矣。」故知非難也，孔子之所以知人難也。——《呂氏春秋．審分覽．任數》

手機一定要讓學校保管嗎？

・子曰：「其身正，不令而行；其身不正，雖令不從。」——《論語．子路》

和同學聊八卦才有朋友？

・顏淵問仁。子曰：「克己復禮爲仁。一日克己復禮，天下歸仁焉。爲仁由己，而由人乎哉？」顏淵曰：「請問其目。」子曰：「非禮勿視，非禮勿聽，非禮勿言，非禮勿動。」顏淵曰：「回雖不敏，請事斯語矣。」——《論語・顏淵》

制服超級醜

・子路盛服而見孔子，孔子曰：「由，是裾裾何也？昔者江出於岷山，其始出也，其源可以濫觴，及其至江之津也，不放舟，不避風，則不可涉也。非維下流水多邪？今女衣服既盛，顏色充盈，天下且孰肯諫女矣！」子路趨而出，改服而入，蓋猶若也。——《荀子・子道》

朝會取消真是太讚了

・祭如在，祭神如神在。子曰：「吾不與祭，如不祭。」——《論語・八佾》

貳・家庭有點鬧——可以不聽話嗎？

媽媽覺得我都在玩

・子曰：「學而時習之，不亦說乎？有朋自遠方來，不亦樂乎？人不知而不慍，不亦君子乎？」——《論語・學而》

兒子老是在玩手機

・子曰：「飽食終日，無所用心，難矣哉！不有博弈者乎？爲之猶賢乎已。」——《論語・陽貨》

考前要不要幫小孩點光明燈？

・子疾病，子路請禱。子曰：「有諸？」子路對曰：「有之。誄曰：『禱爾於上下神祇。』」子曰：「丘之禱久矣！」——《論語・述而》

媽媽管太嚴了！

・子游問孝。子曰：「今之孝者，是謂能養。至於犬馬，皆能有養；不敬，何以別乎？」——《論語・為政》

打小孩是不是錯了？

・孔子聞之而怒，告門弟子曰：「參來，勿內。」——《孔子家語・六本》

・子曰：「汝不聞乎？昔瞽瞍有子曰舜，舜之事瞽瞍，欲使之，未嘗不在於側；索而殺之，未嘗可得。小棰則待過，大杖則逃走。故瞽瞍不犯不父之罪，而舜不失烝烝之孝。今參事父，委身以待暴怒，殪而不避，既身死而陷父於不義，其不孝孰大焉！汝非天子之民也，殺天子之民，其罪奚若？」曾參聞之，曰：「參罪大矣！」遂造孔子而謝過。——《孔子家語・六本》

弟弟對媽媽態度不好

・子夏問孝。子曰：「色難。有事弟子服其勞，有酒食先生饌，曾是以爲孝乎？」——《論語・為政》

房子該買在哪裡好？

・子曰：「里，仁爲美。擇不處仁，焉得知！」——《論語・里仁》

沉迷於漫畫的中年弟弟

・既徹俎而燕，客執骨而問曰：「敢問骨何如爲大？」孔子曰：「丘聞之，昔禹致群臣於

會稽之山，防風後至，禹殺而戮之，其骨專車焉。此爲大矣。」——《孔子家語·辯物》

該不該出國讀書？

·子曰：「父母在，不遠遊。遊必有方。」——《論語·里仁》

·夫爲人子者，出必告，反必面，所游必有常，所習必有業。恆言不稱老。——《禮記·曲禮上》

親人過世，心好痛

·「女安則爲之！夫君子之居喪，食旨不甘，聞樂不樂，居處不安，故不爲也。今女安，則爲之！」宰我出。子曰：「予之不仁也！子生三年，然後免於父母之懷。夫三年之喪，天下之通喪也。予也，有三年之愛於其父母乎？」——《論語·陽貨》

媽媽怎麼年紀越大越難搞？

·子曰：「父母之年，不可不知也。一則以喜，一則以懼。」——《論語·里仁》

·孔曰：「見其壽考則喜，見其衰老則懼。」——《論語注疏·卷四》

·子云：「父母在，不稱老，言孝不言慈；閨門之內，戲而不嘆。」君子以此坊民，民猶薄於孝而厚於慈。——《禮記·枋記》

我聽爸媽的話，但兒子不聽我的話

・孟懿子問孝。子曰：「無違。」樊遲御，子告之曰：「孟孫問孝於我，我對曰『無違』。」樊遲曰：「何謂也？」子曰：「生事之以禮；死葬之以禮，祭之以禮。」——《論語．為政》

・在父母舅姑之所，有命之，應唯敬對。進退周旋慎齊，升降出入揖游，不敢噦噫、嚏咳、欠伸、跛倚、睇視，不敢唾洟；寒不敢襲，癢不敢搔；不有敬事，不敢袒裼，不涉不撅，褻衣衾不見裡。——《禮記．內則》

媽媽和老婆要救誰？

・寶玉道：「我心裡的事也難對你說，日後自然明白。除了老太太，老爺，太太這三個人，第四個就是妹妹了。有第五個人，我也起個誓。」——《紅樓夢》第二十八回

・有子曰：「其爲人也孝弟，而好犯上者，鮮矣；不好犯上，而好作亂者，未之有也。君子務本，本立而道生。孝弟也者，其爲仁之本與！」——《論語．學而》

參・生活有點累——可以不快樂嗎？

拍照修圖有很過分嗎？

・手如柔荑，膚如凝脂，領如蝤蠐，齒如瓠犀，螓首蛾眉。巧笑倩兮，美目盼兮。——《詩經・衛風・碩人》

・子夏問曰：「『巧笑倩兮，美目盼兮，素以為絢兮。』何謂也？」子曰：「繪事後素。」曰：「禮後乎？」子曰：「起予者商也！始可與言詩已矣。」——《論語・八佾》

網路筆戰戰起來！

・子貢方人。子曰：「賜也賢乎哉！夫我則不暇。」——《論語・憲問》

追蹤網美好嗎？

・飲食男女，人之大欲存焉；死亡貧苦，人之大惡存焉。故欲惡者，心之大端也。人藏其心，不可測度也；美惡皆在其心，不見其色也，欲一以窮之，舍禮何以哉？——《禮記・禮運》

早餐決定中

・季文子三思而後行。子聞之，曰：「再，斯可矣。」——《論語・公冶長》

餐廳的 Google 評論真的準嗎？

・子曰：「眾惡之，必察焉；眾好之，必察焉。」——《論語・衛靈公》

在吃到飽餐廳如何選擇餐點？

・食不厭精，膾不厭細。食饐而餲，魚餒而肉敗，不食。色惡，不食。臭惡，不食。失飪，不食。不時，不食。割不正，不食。不得其醬，不食。肉雖多，不使勝食氣。惟酒無量，不及亂。沽酒市脯不食。不撤薑食。不多食。祭於公，不宿肉。祭肉不出三日。出三日，不食之矣。食不語，寢不言。雖疏食菜羹，瓜祭，必齊如也。——《論語・鄉黨》

室友不打掃

・孔子之舊曰原壤，其母死，夫子將助之以木槨。子路曰：「由也昔者聞諸夫子，無友不如己者，過則勿憚改。夫子憚矣。姑已，若何？」孔子曰：「凡民有喪，匍匐救之，況故舊乎？非友也，吾其往。」——《孔子家語・屈節解》

・原壤夷俟。子曰：「幼而不孫弟，長而無述焉，老而不死，是爲賊。」以杖叩其脛。——《論語・憲問》

該不該跟街賣者買口香糖？

・孔子辟車與之言曰：「子非有喪，何哭之悲也？」皋魚曰：「吾失之三矣：少而學，游諸侯，以後吾親，失之一也；高尚吾志，間吾事君，失之二也；與友厚而小絕之，失之三矣。樹欲靜而風不止，子欲養而親不待也。往而不可追者，年也，去而不可得見者，親也。吾請從此辭矣。」立槁而死。——《韓詩外傳．卷九》

如何避免被詐騙？

・宰我問曰：「仁者，雖告之曰：『井有仁焉。』其從之也？」子曰：「何為其然也？君子可逝也，不可陷也；可欺也，不可罔也。」——《論語．雍也》

濫用退貨服務的人也太過分了吧！

・子曰：「富與貴是人之所欲也，不以其道得之，不處也；貧與賤是人之所惡也，不以其道得之，不去也。君子去仁，惡乎成名？君子無終食之間違仁，造次必於是，顛沛必於是。」——《論語．里仁》

美術館的鬼怪展可以去嗎？

・樊遲問知。子曰：「務民之義，敬鬼神而遠之，可謂知矣。」問仁。曰：「仁者先難而

後獲，可謂仁矣。」——《論語．雍也》

推薦恐怖電影給朋友

．子不語怪力亂神。——《論語．述而》

搭車禮儀

．升車，必正立、執綏。車中，不內顧，不疾言，不親指。——《論語．鄉黨》

接機的外交禮儀

．君召使擯，色勃如也，足躩如也。揖所與立，左右手。衣前後，襜如也。趨進，翼如也。賓退，必復命曰：「賓不顧矣！」——《論語．鄉黨》

鄰國前首相過世，該難過嗎？

．子食於有喪者之側，未嘗飽也。——《論語．述而》

哪一個版本的孔子比較厲害？

．達巷黨人曰：「大哉孔子！博學而無所成名。」子聞之，謂門弟子曰：「吾何執？執御乎？執射乎？吾執御矣！」——《論語．子罕》

・五馭者，先鄭云：「鳴和鸞，逐水曲，過君表，舞交衢，逐禽左。」——《周禮注疏・卷十》

・五射者，先鄭云：「白矢、參連、剡注、襄尺、井儀。」——《周禮注疏，卷十》

肆・愛情有點煩——可以不浪漫嗎？

曖昧對象喜歡別人

・子曰：「唯仁者能好人，能惡人。」——《論語・里仁》

該不該答應告白？

・子曰：「視其所以，觀其所由，察其所安。人焉廋哉？人焉廋哉？」——《論語・為政》

喜歡聽男友的讚美

・子曰：「法語之言，能無從乎？改之爲貴。巽與之言，能無說乎？繹之爲貴。說而不繹，從而不改，吾末如之何也已矣。」——《論語・子罕》

即將到來的遠距離戀愛

・「唐棣之華，偏其反而。豈不爾思？室是遠而。」子曰：「未之思也，夫何遠之有？」——《論語・子罕》

該怎麼稱讚喜歡的人？

・子曰：「君子欲訥於言而敏於行。」——《論語・里仁》

該不該採用AA制？

・子曰：「君子之於天下也，無適也，無莫也，義之與比。」——《論語・里仁》

氣炸！男友的朋友竟然幫他說謊！

・葉公語孔子曰：「吾黨有直躬者，其父攘羊，而子證之。」孔子曰：「吾黨之直者異於是。父為子隱，子為父隱，直在其中矣。」——《論語・子路》

男友很小氣，是不是該分手？

・孔子將行，雨而無蓋。門人曰：「商也有之。」孔子曰：「商之為人也，甚悋於財。吾聞與人交，推其長者，違其短者，故能久也。」——《孔子家語・致思》

把老公的模型送人有什麼大不了的？

・子曰：「躬自厚而薄責於人，則遠怨矣！」──《論語・衛靈公》

四十歲了，還母胎單身

・子曰：「年四十而見惡焉，其終也已！」──《論語・陽貨》

文青不是比較受歡迎嗎？

・子曰：「誦詩三百，授之以政，不達；使於四方，不能專對；雖多，亦奚以爲？」──《論語・子路》

跟女生交往，是不是一定要有車？

・顏淵死，顏路請子之車以爲之椁。子曰：「才不才，亦各言其子也。鯉也死，有棺而無椁。吾不徒行以爲之椁。以吾從大夫之後，不可徒行也。」──《論語・先進》

失戀要不要去KTV？

・子與人歌而善，必使反之，而後和之。──《論語・述而》

・子於是日哭，則不歌。──《論語・述而》

有必要在實體書店買書嗎？

・子曰：「古之學者爲己，今之學者爲人。」——《論語・憲問》

・古之學者爲己，今之學者爲人。君子之學也，以美其身；小人之學也，以爲禽犢。故不問而告謂之傲，問一而告二謂之囋。傲，非也，囋，非也；君子如嚮矣。——《荀子・勸學》

伍・職場有點忙——可以不努力嗎？

工作上不懂的地方到底要不要問？

・子入大廟，每事問。或曰：「孰謂鄹人之子知禮乎？入大廟，每事問。」子聞之曰：「是禮也。」——《論語・八佾》

主管愛生氣

・子曰：「直哉史魚！邦有道，如矢；邦無道，如矢。君子哉蘧伯玉！邦有道，則仕；邦無道，則可卷而懷之。」——《論語・衛靈公》

終於考上正式教師了

・子張問行。子曰：「言忠信，行篤敬，雖蠻貊之邦行矣；言不忠信，行不篤敬，雖州里行乎哉？立，則見其參於前也；在輿，則見其倚於衡也。夫然後行。」子張書諸紳。——《論語・衛靈公》

選擇高薪，還是興趣？

・子曰：「三年學，不至於穀，不易得也。」——《論語・泰伯》

用老師的名字為自己護航

・葉公問孔子於子路，子路不對。子曰：「女奚不曰，其爲人也，發憤忘食，樂以忘憂，不知老之將至云爾。」——《論語・述而》

頭銜重要嗎？

・玄德來到莊前，下馬親叩柴門，一童出問。玄德曰：「漢左將軍宜城亭侯領豫州牧皇叔劉備特來拜見先生。」童子曰：「我記不得許多名字。」玄德曰：「你只說劉備來訪。」——《三國演義》第三十七回

・子路曰：「衛君待子而爲政，子將奚先？」子曰：「必也正名乎！」子路曰：「有是哉，

子之迂也！奚其正？」子曰：「野哉由也！君子於其所不知，蓋闕如也。名不正，則言不順；言不順，則事不成；事不成，則禮樂不興；禮樂不興，則刑罰不中；刑罰不中，則民無所措手足。故君子名之必可言也，言之必可行也。君子於其言，無所苟而已矣。」——《論語．子路》

我被同事討厭了嗎？

．子貢問曰：「鄉人皆好之，何如？」子曰：「未可也。」「鄉人皆惡之，何如？」子曰：「未可也。不如鄉人之善者好之，其不善者惡之。」——《論語．子路》

時代不一樣了嗎？

．子張問：「十世可知也？」子曰：「殷因於夏禮，所損益，可知也；周因於殷禮，所損益，可知也；其或繼周者，雖百世可知也。」——《論語．為政》

辦公室的同事很蠢

．子貢問友。子曰：「忠告而善道之，不可則止，無自辱焉。」——《論語．顏淵》

該不該推工作？

．子貢問曰：「有一言而可以終身行之者乎？」子曰：「其恕乎！己所不欲，勿施於

人。」——《論語．衛靈公》

．仲弓問仁。子曰：「出門如見大賓，使民如承大祭。己所不欲，勿施於人。在邦無怨，在家無怨。」仲弓曰：「雍雖不敏，請事斯語矣。」——《論語．顏淵》

助理彼此不合，有夠煩

．子之武城，聞弦歌之聲。夫子莞爾而笑，曰：「割雞焉用牛刀？」子游對曰：「昔者偃也聞諸夫子曰：『君子學道則愛人，小人學道則易使也。』」子曰：「二三子！偃之言是也。前言戲之耳。」——《論語．陽貨》

上班常被叫去做雜事

．大宰問於子貢曰：「夫子聖者與？何其多能也？」子貢曰：「固天縱之將聖，又多能也。」子聞之，曰：「大宰知我乎！吾少也賤，故多能鄙事。君子多乎哉？不多也。」——《論語．子罕》

跟女同事吃飯被誤會

．子見南子，子路不說。夫子矢之曰：「予所否者，天厭之！天厭之！」——《論語．雍也》

不想跟同事聚餐，怎麼拒絕？

・陽貨欲見孔子，孔子不見，歸孔子豚。孔子時其亡也，而往拜之，遇諸塗。謂孔子曰：「來！予與爾言。」曰：「懷其寶而迷其邦，可謂仁乎？」曰：「不可。」「好從事而亟失時，可謂知乎？」曰：「不可。」「日月逝矣，歲不我與。」孔子曰：「諾。吾將仕矣。」——《論語・陽貨》

Eurasian Publishing Group
圓神出版事業機構
用心與你對話．網野無限寬廣
究竟出版社
Athena Press

www.booklife.com.tw　　reader@mail.eurasian.com.tw

歷史 079

厭世讀論語：千年名師神回覆，開解你的人生疑難

作　　者／厭世國文老師
發 行 人／簡志忠
出 版 者／究竟出版社股份有限公司
地　　址／臺北市南京東路四段50號6樓之1
電　　話／（02）2579-6600・2579-8800・2570-3939
傳　　真／（02）2579-0338・2577-3220・2570-3636
副 社 長／陳秋月
副總編輯／賴良珠
專案企畫／沈蕙婷
責任編輯／林雅萩
校　　對／厭世國文老師、林雅萩、徐彩嫦
美術編輯／金益健
行銷企畫／陳禹伶・鄭曉薇
印務統籌／劉鳳剛・高榮祥
監　　印／高榮祥
排　　版／陳采淇
經 銷 商／叩應股份有限公司
郵撥帳號／18707239
法律顧問／圓神出版事業機構法律顧問　蕭雄淋律師
印　　刷／祥峯印刷廠
2022年11月　初版
2022年11月　2刷

定價 340 元　　ISBN 978-986-137-388-1

很多時候，我們人生的難題也是古人的難題，
他們在不停的思考中找到各種解釋，
而我們可以從這樣的解釋中，再找到自己願意相信的答案。
我們習慣有一個正確解答，
但眞實生命的解答不只一個，也未必永遠正確。

——《厭世廢文觀止》

國家圖書館出版品預行編目資料

厭世讀論語：千年名師神回覆，開解你的人生疑難／厭世國文老師 著
-- 初版 -- 臺北市：究竟出版社股份有限公司，2022.11
272面；14.8×20.8公分 --（歷史：79）

ISBN 978-986-137-388-1（平裝）
1. CST：論語　2. CST：研究考訂　3. CST：人生哲學

121.227　　111015160